新 니하오 중국어 2

이창재 · 김지연 · 장기(张琦) 지음

J PLUS
Language Publishing Co.

눈으로 보고 **귀**로 듣고 **입**으로 따라하는

新 니하오 어린이 중국어 ②

 ### 눈으로 보고!

주인공 난난과 베이베이 그리고 그의 친구들이 함께 엮어가는 이야기를 따라가면서 자연스럽게 중국어를 느끼고, 밝고 귀여운 삽화를 보면서 마치 한 편의 동화책을 읽는 듯한 느낌을 주도록 하였습니다.

 ### 귀로 듣고!

중국어를 빠르게 익힐 수 있는 방법 중의 하나가 바로 자주 듣는 것입니다. 재미있게 구성된 MP3 음원을 들으면서 중국어에 익숙해지도록 하였습니다.

 ### 입으로 따라한다!

쉽고 간단한 표현들을 반복적으로 따라하면서 주요 문장을 익히고, 각 과마다 꾸준히 발음을 연습하도록 하였습니다. 또 중간중간 노래를 따라 부르면서 즐겁게 중국어를 배울 수 있게 하였습니다.

공부라는 것은 우선 흥미를 가지는 것이 가장 중요하다고 생각합니다. 이 책을 통해서 아이들이 중국어를 어렵게 생각하지 않고 흥미를 가지도록, 하나의 신나는 말 배우기 놀이로 느끼고 중국어를 친근하게 받아들일 수 있기를 바랍니다.

마지막으로 항상 든든한 버팀목이 되어 주시는 부모님과 자오차이나 중국어 학원의 장석민 선생님께 감사를 드립니다. 그리고 이 책을 집필할 수 있는 기회와 용기를 주신 '차이나박스' 박정미, 박미경 선배와 이 책이 나오기까지 많은 도움을 주신 '제이플러스'의 이기선 실장님과 편집부 식구들에게 진심으로 감사의 마음을 전합니다.

저자 씀

모두 들어 있어요~

 워크북

본 책에서 배운 내용들을 복습하고 실력을 다져요.

 MP3 바로듣기

정확한 네이티브 발음, 신나는 노래와 해설로 재미있게 공부해요.

 단어카드

본문의 새단어와 중요 단어를 카드로 만들어 간편하게 들고 다니며 익혀요.

 스티커 붙이기

스티커를 붙이며 입체적으로 학습해요.

 종합평가판

전체 배운 내용을 확인해 볼 수 있어요.

 동영상 플래시CD

통통 튀는 동영상 플래시CD로 보고, 듣고, 신나게 배워요.
(동영상 플래시CD 포함 교재 별매)

이 책의 구성

본문 회화

핵심이 되는 네 문장을 통해 이야기의 문을 열면서 흥미를
돋우도록 하였습니다. 새로 나온 단어를 정리하였으며,
생동감 있는 삽화로 어떤 상황에서 이루어지는 대화인지
알 수 있도록 도왔습니다.

✳ 한글 해석은 부록에 있어요.

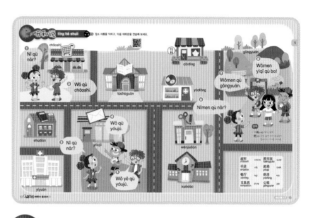

听和说 tīng hé shuō

한 걸음 더! 앞에서 배운 기본표현을 반복해서 연습하고,
확장해 보도록 하였습니다.

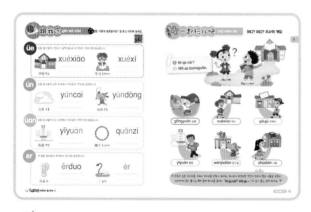

跟我念 gēn wǒ niàn

귀는 쫑긋! 입은 크게! 낯설고 어려운 중국어 발음과
성조를 차근차근 중국인 선생님의 목소리를 들으면서
정확하게 익히도록 하였습니다.

一起玩儿吧 yìqǐ wánr ba

신나게 놀아요! 매 과마다 다양하고 재미있는 게임을
하면서 중국어에 더 가까이 다가갈 수 있도록 하였습니다.

做一做 zuò yi zuò

이제 자신 있어요! 배운 내용을 다시 한번 짚어 보면서
좀더 중국어에 자신감을 가지도록 하였습니다.

唱一唱  chàng yi chàng

노래와 챈트를 중국어로 신나게 따라 불러요!

✳ 중국어 가사는 부록에 있어요.

차례

新니하오 어린이 중국어 ❶ 에서 배워요.

①	· Nǐ hǎo! · Zàijiàn! · Wǒ shì Nánnan.	· 인사하기 · 만났을 때 하는 말 · 헤어질 때 하는 말 · 我 나, 你 너, 　他/她 그, 그녀
②	· Xièxie! · Bú kèqi! · Duìbuqǐ! · Méi guānxi!	· 감사의 표현과 대답 · 사과의 표현과 대답
③	· Nǐ jiào shénme 　míngzi? · Wǒ jiào Nánnan. · Nǐ ne?	· 이름 묻고 답하기 · 什么 무엇
④	· Nǐ shì Hánguórén 　ma? · Wǒ bú shì 　Hánguórén. · Nǐ shì nǎ guó rén?	· 국적 묻고 대답하기 · 吗?～입니까? · 哪 어느 · 是 이다 / 　不是 아니다
⑤	· Wǒ xǐhuan 　hóngsè. · Wǒ bù xǐhuan 　hóngsè. · Nǐmen xǐhuan 　shénme yánsè?	· 좋아하다 · 싫어하다 · 不 + 동사

⑥	· Nǐ jǐ suì? · Wǒ qī suì.	· 숫자 익히기 · 나이 묻고 대답하기 · 几 몇
⑦	· Nǐ shǔ shénme? · Wǒ shǔ niú.	· 12개의 띠 동물 · 띠 묻고 대답하기
⑧	· Tā shì shéi? · Tā shì wǒ bàba.	· 가족 호칭 익히기 · 누구인지 묻고 　답하기 · 谁 누구
⑨	· Nǐ jiā yǒu jǐ kǒu 　rén? · Wǒ jiā yǒu wǔ 　kǒu rén. · Méiyǒu.	· 가족 소개하기 · 가족이 몇 명인지 　묻고 대답하기 · 口 식구를 세는 양사 · 和 ～와, 그리고
⑩	· Zhè shì shénme? · Nà shì shénme?	· 사물 묻고 대답하기 · 这 이, 이것 · 那 저, 저것

❶	· Nǐ kěyǐ yòng wǒ de. · Wǒ kěyǐ kàn diànshì ma? · Bié dānxīn!	· ~해도 되는지 묻고 답하기 · 可以 ~해도 된다 (허가) · 别 ~하지 마라 (금지)	❻	· Qù bǎihuòshāngdiàn zěnme zǒu? · Yìzhí wǎng qián zǒu, jiù shì bǎihuòshāngdiàn.	· 길 묻고 답하기 · 방향 표현 익히기
❷	· Wǒ bù néng qù. · Wǒ yào qù yàofáng. · Wèishénme?	· 할 수 있다 / 할 수 없다 · 为什么 왜(이유) · 要 ~해야 한다	❼	· Tā pǎo de zhēn kuài! · Nánnan huà de zěnmeyàng?	· 정도를 나타내는 표현 · 특징을 나타내는 말
❸	· Nǐ nǎr bù shūfu? · Wǒ tóu téng, sǎngzi téng.	· 어디가 아픈지 묻고 답하기 · 증상에 관한 표현 · 처방에 관한 표현	❽	· Nǐ kànguo xióngmāo ma? · Wǒ kànguo. · Wǒ méi kànguo.	· 경험 묻고 답하기 · 没~过 ~한 적이 없다(경험부정)
❹	· Wǒ de fángjiān li yǒu yì zhāng chuáng. · Zhuōzi shang yǒu yì tái diànnǎo.	· 방에 있는 물건 말하기 · 양사 익히기	❾	· Hánjià de shíhou, nǐ dǎsuàn gàn shénme? · Wǒ dǎsuàn qù yéye jiā wánr.	· 계획 묻고 답하기 · 跟 ~와
❺	· Wǒ qù bǎihuòshāngdiàn mǎi yīfu. · Ránhòu qù kuàicāntīng chī hànbǎobāo.	· 무엇을 하러 어디에 가는지 말하기 · 장소와 활동 익히기	❿	· Diànyǐng shénme shíhou kāishǐ? · Diànyǐng kuàiyào kāishǐ le.	· 언제 무엇을 하는지 묻고 답하기 · 快要~了 곧 ~하려고 하다

7

新 니하오 어린이 중국어 ② 에서 배워요.

	학습목표	핵심 단어	발음	게임	노래/챈트
❶	장소 이름을 익히고, '어디로 가는지' 묻고 대답할 수 있다.	슈퍼마켓, 학교, 문구점, 약국, 우체국, 병원, 공원, 식당, 도서관, 박물관 nǎr 哪儿 어디 (장소를 묻는 의문사) qù 去 가다 yìqǐ 一起 함께, 같이	모음 üe, ün, üan, er	어디? 어디? 주사위 게임	♫산토끼
❷	날짜와 요일을 익히고, 날짜를 묻고 대답할 수 있다.	yuè 月 월 hào 号 일 xīngqī 星期 요일	자음 b, p, m, f	날짜, 요일 말하기 게임	오늘은 몇 월 며칠이야?
❸	시간 표현을 익히고, '몇 시인지' 묻고 대답할 수 있다.	diǎn 点 시 fēn 分 분 zǎoshang 早上 아침 xiàwǔ 下午 오후 wǎnshang 晚上 저녁	자음 d, t, n, l	시계 만들기	지금 몇 시야?
❹	운동 이름을 익히고, 자기가 할 수 있는 운동과 할 수 없는 것을 말할 수 있다.	수영, 농구, 축구, 야구, 스케이트, 테니스, 스키, 배드민턴 huì 숲 할 줄 안다 bú huì 不숲 할 줄 모른다 dǎ 打 치다(손으로 하는 운동) tī 踢 차다(발로 하는 운동)	자음 g, k, h	퍼즐 맞추기	매일 운동해
❺	문구 이름을 익히고, 가격을 묻고 대답할 수 있다.	연필, 노트, 지우개, 필통, 장난감 yào 要 ～하려 하다 kuài 块 위엔(중국 화폐 단위)	자음 j, q, x	가게 놀이	얼마예요?

	학습목표	핵심 단어	발음	게임	노래/챈트
⑥	음식 이름을 익히고, 무엇을 먹고 싶은지 말할 수 있다.	피자, 감자튀김, 과자, 케이크, 빵, 햄버거, 치킨, 핫도그, 아이스크림, 물, 우유, 오렌지주스, 콜라 xiǎng 想 ~하고 싶다 chī 吃 먹다 hē 喝 마시다	자음 z, c, s	뭐 먹고 싶어?	나는 다 좋아해
⑦	동작에 대한 표현을 익히고, 동작이 진행 중임을 말할 수 있다.	TV를 보다, 목욕하다, 음악을 듣다, 이를 닦다, 잠을 자다, 청소하다 gàn 干 하다 zài 在 ~하고 있다	자음 zh, ch, sh, r	빙고놀이	♫ 여우야! 여우야!
⑧	반대되는 밀을 익히고, 비교 표현으로 말할 수 있다.	크다/작다, 뚱뚱하다/마르다, 힘이 세다/힘이 약하다, 나이가 많다/나이가 적다, 느리다/빠르다 bǐ 比 ~보다	성조의 변화 (3성 + 3성)	누가 누가 더?	나는 너보다
⑨	전화할 때 쓰는 표현을 익히고, 전화를 걸고 받을 수 있다.	wéi 喂 여보세요 děng yíxià 等一下 잠시 기다리다	성조의 변화 (不 + 1,2,3,4성)	사다리 타기	여보세요
⑩	날씨에 관한 표현을 익히고, 날씨를 묻고 대답할 수 있다.	바람이 불다, 비가 오다, 맑다, 흐리다, 눈이 오다 zěnmeyàng 怎么样 어떻다	성조의 변화 (一 + 1,2,3,4성)	누가 먼저 도착할까?	♫ 오늘 날씨 어때?

你去哪儿?

你去哪儿？
Nǐ qù nǎr?

 我去医院。
Wǒ qù yīyuàn.

 你们去哪儿？
Nǐmen qù nǎr?

 我们去学校。
Wǒmen qù xuéxiào.

단어

去 qù 가다
哪儿 nǎr 어디
医院 yīyuàn 병원
学校 xuéxiào 학교
我们 wǒmen 우리

🎧 02 장소 이름을 익히고, 다음 대화문을 연습해 보세요.

1 Nǐ qù nǎr?

chāoshì

2 Wǒ qù chāoshì.

túshūguǎn

shūdiàn

3 Nǐ qù nǎr?

4 Wǒ qù yóujú.

yóujú

5 Wǒ yě qù yóujú.

yīyuàn

cāntīng

yàofáng

wénjùdiàn

xuéxiào

gōngyuán

⑧ Wǒmen yìqǐ qù ba!

⑦ Wǒmen qù gōngyuán.

⑥ Nǐmen qù nǎr?

 단어

• 一起 yìqǐ 같이, 함께
• 吧 ba 문장 끝에 쓰여 부드럽게 권유하는 어기를 나타냄

超市 chāoshì	슈퍼마켓	图书馆 túshūguǎn	도서관
书店 shūdiàn	서점	邮局 yóujú	우체국
餐厅 cāntīng	식당	药房 yàofáng	약국
文具店 wénjùdiàn	문구점	公园 gōngyuán	공원

 03 어떻게 발음할까요? 잘 듣고 따라해 보세요.

üe
입을 동그랗게 모았다가 살짝 벌리며 우리말의 '위에'처럼 발음합니다.

 xuéxiào

学校 학교

 xuéxí

学习 공부하다

ün
입을 동그랗게 모은 상태에서 우리말의 '윈'처럼 발음합니다.

 yúncai

云彩 구름

 yùndòng

运动 운동

üan
입을 동그랗게 모은 상태에서 우리말의 '위엔'처럼 발음합니다.

 yīyuàn

医院 병원

 quānzi

圈子 동그라미

er
혀 끝을 말아올려 우리말의 '얼'처럼 발음합니다.

 ěrduo

耳朵 귀

èr

二 둘(2)

一起玩儿吧 yìqǐ wánr ba

어디? 어디? 주사위 게임

Ⓐ Nǐ qù nǎr?
Ⓑ Wǒ qù túshūguǎn.

gōngyuán 공원

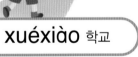

xuéxiào 학교

yóujú 우체국

yīyuàn 병원

wénjùdiàn 문구점

shūdiàn 서점

＊부록에 있는 주사위를 오려서 주사위를 만들어 보세요. 주사위가 완성되면 각각의 장소에 맞는 이름을 부록의 스티커에서 찾아 붙이고, 짝과 함께 주사위를 굴리며 "Nǐ qù nǎr? Wǒ qù ～."와 같이 묻고 답해 보세요.

做一做 zuò yi zuò   연습문제

1 들려주는 내용에 알맞은 그림을 찾아 순서대로 번호를 쓰세요.

2 잘 듣고 다음 병음이 들어 있는 단어의 그림을 찾아 ○ 하세요.

❶ ün

❷ üe

3 우리 친구들이 어디에 가는지 선을 따라간 후 빈칸에 알맞은 스티커를 붙이세요.

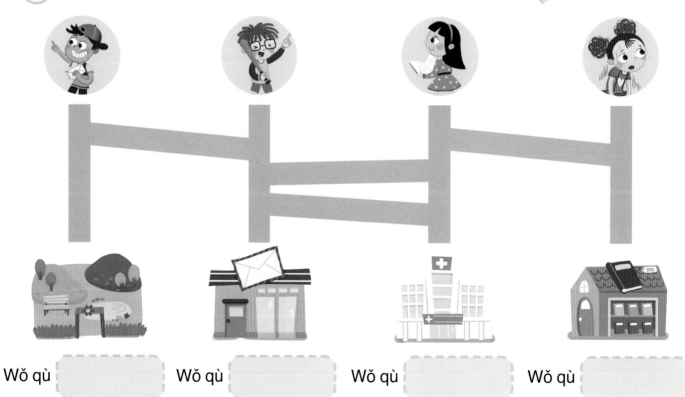

Wǒ qù ___   Wǒ qù ___   Wǒ qù ___   Wǒ qù ___

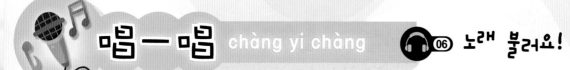

小白兔　산토끼

xiǎo bái tù xiǎo bái tù nǐ qù nǎr nǐ qù nǎr

bèng bèng tiào tiào xiǎo bái tù nǐ qù nǎr nǐ qù nǎr

산토끼 토끼야 어디를 가느냐
깡충깡충 뛰면서 어디를 가느냐

11月

日	月	火
		1
6	7	8
13	14	15
20	21	22
27	28	29

 今天几月几号?
Jīntiān jǐ yuè jǐ hào?

 今天十一月二十九号。
Jīntiān shíyī yuè èrshíjiǔ hào.

 今天星期几?
Jīntiān xīngqī jǐ?

 今天星期二。
Jīntiān xīngqī'èr.

水	木	金	土
	3	4	5
10	11	12
6	17	18	19
3	24	25	26
0			

단어

今天 jīntiān 오늘
月 yuè 월
号 hào 일
星期 xīngqī 요일

날짜와 요일을 익히고 몇 월 며칠인지 말해 보세요.

| 一月
yī yuè | 二月
èr yuè | | 三月
sān yuè | 四月
sì yuè |

| 五月
wǔ yuè | 六月
liù yuè | | 七月
qī yuè | 八月
bā yuè |

| 九月
jiǔ yuè | 十月
shí yuè | | 十一月
shíyī yuè | 十二月
shí'èr yuè |

월요일	화요일	수요일	목요일	금요일	토요일	일요일
xīngqīyī	xīngqī'èr	xīngqīsān	xīngqīsì	xīngqīwǔ	xīngqīliù	xīngqītiān
星期一	星期二	星期三	星期四	星期五	星期六	星期天

3月

Jīntiān
jǐ yuè jǐ hào?

星期天	星期一	星期二	星期三	星期四	星期五	星期六
xīngqītiān	xīngqīyī	xīngqī'èr	xīngqīsān	xīngqīsì	xīngqīwǔ	xīngqīliù
		1 一号 yī hào	**2** 二号 èr hào	**3** 三号 sān hào	**4** 四号 sì hào	**5** 五号 wǔ hào
6 六号 liù hào	**7** 七号 qī hào	**8** 八号 bā hào	**9** 九号 jiǔ hào	**10** 十号 shí hào	**11** 十一号 shíyī hào	**12** 十二号 shí'èr hào
13 十三号 shísān hào	**14** 十四号 shísì hào	**15** 十五号 shíwǔ hào	**16** 十六号 shíliù hào	**17** 十七号 shíqī hào	**18** 十八号 shíbā hào	**19** 十九号 shíjiǔ hào
20 二十号 èrshí hào	**21** 二十一号 èrshíyī hào	**22** 二十二号 èrshí'èr hào	**23** 二十三号 èrshísān hào	**24** 二十四号 èrshísì hào	**25** 二十五号 èrshíwǔ hào	**26** 二十六号 èrshíliù hào
27 二十七号 èrshíqī hào	**28** 二十八号 èrshíbā hào	**29** 二十九号 èrshíjiǔ hào	**30** 三十号 sānshí hào	**31** 三十一号 sānshíyī hào		

 **gēn wǒ niàn**

어떻게 발음할까요? 잘 듣고 따라해 보세요.

두 입술을 붙였다가 떼면서 [뽀어] 하고 발음합니다.

bōluó

菠萝 파인애플

bǎo

饱 배부르다

두 입술을 붙였다가 공기를 내뿜으며 [포어] 하고 발음합니다.

pà

怕 두려워하다

piányi

便宜 싸다

두 입술을 붙였다가 떼면서 [모어] 하고 발음합니다.

mǎ

马 말

miànbāo

面包 빵

윗니로 아랫입술을 살짝 물고 영어의 'f'소리에 '오어'를 더해서 발음합니다.

fàn

饭 밥

fēi

飞 날다

 新니하오 어린이 중국어 ②

一起玩儿吧 yìqǐ wánr ba

날짜 · 요일 말하기 게임

星期天	星期一	星期二	星期三	星期四	星期五	星期六
⑩	1 ⊕+1	2 ⊕+1	3 ⊕+3	4 ⊕+0	5 ⊕+1	6 ⊕+2
7 ⊕+1	8 ⊕+2	9 ⊕+2	10 ⊕+1	11 ⊕+3	12 ⊕+2	13 ⊕+1
14 ⊕+3	15 ⊕+3	16 ⊕+2	17 ⊕+1	18 ⊕+2	19 ⊕+3	20 ⊕+2
21 ⊕+0	22 ⊕+3	23 ⊕+2	24 ⊕+3	25 ⊕+2	26 ⊕+3	27 ⊕+1
28 ⊕+1	29 ⊕+2	30 ⊕+3	31 ⊕+1	⊖−2	⊖−3	⊖−2

✳ 동전 그림 위에 동전을 올려 놓고 손가락으로 동전을 튕기세요. 동전이 들어간 칸의 날짜와 요일을 확인한 후 중국어로 '오늘은 몇 월 며칠, 무슨 요일'인지 말해 보세요. 정확히 맞추었을 경우 각 칸에 적힌 숫자 만큼 점수를 얻습니다. 누가 먼저 30점이 되는지 시합해 보세요.

做一做 zuò yi zuò　연습문제

1 잘 듣고 들은 내용과 그림이 일치하면 ○표, 그렇지 않으면 ✕표 하세요.

❶ 6月 17　❷ 3月 8　❸ 5月 월

2 들려주는 발음의 첫글자에 ○ 하세요.

❶  b　p

❷  b　p

❸  p　f

3 그림을 보고 알맞은 스티커를 찾아 붙여 보세요.

❶ 4月 9　Jīntiān 〔　〕 yuè 〔　〕 hào.

❷ Jīntiān 〔　〕 yuè shísān hào.

6月 13

❸ 9月 월　Jīntiān 〔　　〕.

今天几月几号? 오늘 몇 월 며칠이야?

Jīntiān jǐ yuè jǐ hào? Xīngqī jǐ?

Jīntiān wǔ yuè jiǔ hào, xīngqīsān.

Míngtiān jǐ yuè jǐ hào? Xīngqī jǐ?

Míngtiān wǔ yuè shí hào, xīngqīsì.

오늘은 몇 월 며칠이야? 무슨 요일이야?
오늘은 5월 9일, 수요일이야.
내일은 몇 월 며칠이야? 무슨 요일이야?
내일은 5월 10일, 목요일이야.

Unit 3 现在几点?

现在几点?
Xiànzài jǐ diǎn?

现在七点。
Xiànzài qī diǎn.

단어

现在 xiànzài 지금
点 diǎn ~시
分 fēn ~분

 现在几点？
Xiànzài jǐ diǎn?

 现在四点四十五分。
Xiànzài sì diǎn sìshíwǔ fēn.

 **听和说** tīng hé shuō

 14 때를 나타내는 말을 익히고, 시간을 말해 보세요.

아침

zǎoshang 早上

오후

xiàwǔ 下午

밤

wǎnshang 晚上

❶ Xiànzài jǐ diǎn?

❷ Xiànzài xiàwǔ liǎng diǎn.

※ 2시라고 말할 때는 二点(èr diǎn)이 아니라 两点(liǎng diǎn)이라고 말합니다.

3  Xiànzài zǎoshang qī diǎn shíwǔ fēn.

4  Xiànzài xiàwǔ sì diǎn èrshí fēn.

5  Xiànzài wǎnshang shí diǎn wǔshí fēn.

3

yī diǎn
一点

liǎng diǎn
两点

shí'èr diǎn
十二点

wǔ fēn
五分

shí fēn
十分

shíwǔ fēn yī kè
十五分 = 一刻

sānshí fēn bàn
三十分 = 半

sìshíwǔ fēn sān kè
四十五分 = 三刻

Xiànzài jǐ diǎn?

d

혀끝을 윗잇몸에 붙였다가 떼면서 [뜨어] 하고 발음합니다.

dùzi
_____

肚子 배

dēngshān
_____

登山 등산하다

t

혀끝을 윗잇몸에 붙였다가 떼면서 공기를 더 뿜으며 [트어] 하고 발음합니다.

tùzi
_____

兔子 토끼

tàng
_____

烫 뜨겁다

n

혀끝을 윗잇몸에 붙였다가 떼면서 [느어] 하고 발음합니다.

nián
_____

年 년

niúnǎi
_____

牛奶 우유

l

혀끝을 윗잇몸에 붙였다가 떼면서 [르어] 하고 발음합니다.

lù
_____

鹿 사슴

lèi
_____

累 피곤하다

一起玩儿吧 yìqǐ wánr ba

시계 만들기

Xiànzài jǐ diǎn?

분침
시침

Ⓐ Xiànzài jǐ diǎn?
Ⓑ Xiànzài _____ diǎn.

✳ 부록에 있는 시침과 분침을 오려서 시계를 만들어 보세요. 시계가 완성되면 몇 시인지 서로 묻고 대답해 봅시다.

  **做一做** zuò yi zuò 　　　**연습문제**

1 들려주는 내용과 일치하는 그림을 찾아 순서대로 번호를 쓰세요.

( ) ( ) ( ) ( )

2 잘 듣고 빈칸에 들어갈 글자를 써 넣으세요.

❶

_____ùzi

❷

_____ù

❸

_____ùzi

❹

_____iúnǎi

3 문장을 보고 알맞은 시각을 그리세요.

❶

Xiànzài
六 diǎn.

❷

Xiànzài
三 diǎn 五 fēn.

❸

Xiànzài
十二 diǎn 二十 fēn.

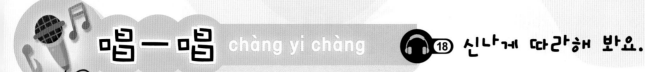 
现在几点？

지금 몇 시야?

Jǐ diǎn? Xiànzài jǐ diǎn?

Bā diǎn, zǎoshang bā diǎn.

Kuài diǎn qǐchuáng shàngxué qù ba. ✳

Jǐ diǎn? Xiànzài jǐ diǎn?

Shí diǎn, wǎnshang shí diǎn.

Kuài diǎn jìnwū shuìjiào ba. ✳

몇 시? 지금 몇 시야?
8시, 아침 8시야.
빨리 일어나 학교 가야지. ✳
몇 시? 지금 몇 시야?
10시, 밤 10시야.
빨리 방에 들어가 자야지. ✳

你会打篮球吗？
Nǐ huì dǎ lánqiú ma?

我会打篮球。
Wǒ huì dǎ lánqiú.

단어

会 huì ~할 줄 안다
游泳 yóuyǒng 수영하다
打篮球 dǎ lánqiú 농구하다

Nǐ huì yóuyǒng ma?

Wǒ bú huì yóuyǒng.

yóuyǒng
游泳

1

Wǒ huì tī zúqiú.

2

Wǒ yě huì tī zúqiú.

zúqiú
足球

3

Wǒ huì dǎ lánqiú.

lánqiú
篮球

4

Wǒ huì dǎ bàngqiú.

bàngqiú
棒球

5

Wǒ huì huábīng.

huábīng
滑冰

6

Wǒ huì dǎ wǎngqiú.

wǎngqiú
网球

7

Wǒ bú huì huáxuě.

huáxuě
滑雪

8

Tā huì dǎ yǔmáoqiú.

yǔmáoqiú
羽毛球

21 어떻게 발음할까요? 잘 듣고 따라해 보세요.

g

목구멍 가까이 혀 안쪽에 힘을 주면서 우리말 [끄어]처럼 발음합니다.

gālí

咖喱 카레

gǎnmào

感冒 감기(걸리다)

k

목구멍 가까이 혀 안쪽에 힘을 주고 공기를 더 내뿜으며 [크어] 하고 발음합니다.

kū

哭 울다

kě'ài

可爱 귀엽다

h

목구멍 가까이 혀 안쪽에 힘을 주고 공기를 통과시키며 우리말 [흐어]처럼 발음합니다.

hǔ

虎 호랑이

cǎihóng

彩虹 무지개

一起玩儿吧 yìqǐ wánr ba 퍼즐 맞추기

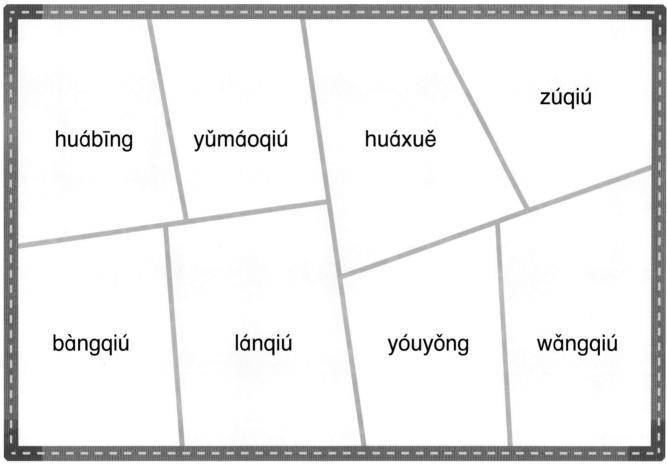

huábīng	yǔmáoqiú	huáxuě	zúqiú
bàngqiú	lánqiú	yóuyǒng	wǎngqiú

😊 Wǒ huì _____ .

🙁 Wǒ bú huì _____ .

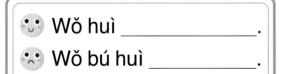

huáxuě ◯　　yóuyǒng ◯　　huábīng ◯

dǎ

tī

lánqiú ◯　　yǔmáoqiú ◯　　bàngqiú ◯　　wǎngqiú ◯　　zúqiú ◯

✳ 부록에 있는 퍼즐 조각을 잘라서 그림과 병음이 맞는 곳에 붙이고, 자신이 할 수 있는 것과 할 수 없는 것을
짝과 함께 이야기해 보세요.

你会游泳吗? 39

做一做 zuò yi zuò 연습문제

1 잘 듣고 내용과 일치하는 그림에 ○ 하세요. 22

❶

❷

2 들려주는 발음의 첫글자에 ○ 하세요. 23

❶

❷

❸

g　k　　g　k　　k　h

3 그림을 잘 보고 알맞은 단어 스티커를 골라 붙여 보세요.

Nǐ 〔　　〕 tī zúqiú ma?

Wǒ 〔　　〕 tī zúqiú, nǐ 〔　　〕?

Wǒ 〔　　〕〔　　〕 zúqiú,

wǒ 〔　　〕〔　　〕 bàngqiú.

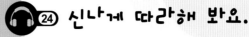
每天做运动 매일 운동해

Nǐ huì yóuyǒng ma? Huì yóuyǒng ma?

Huì, huì, wǒ huì yóuyǒng.

Nǐ huì huáxuě ma? Huì huáxuě ma?

Bú huì, bú huì, wǒ bú huì huáxuě.

Zǎo shuì zǎo qǐ, měitiān zuò yùndòng.

Měitiān huì biàn de gèng jiànkāng.

수영 할 줄 알아? 수영 할 줄 알아?
할 줄 알아, 난 수영할 줄 알아.
스키 탈 줄 알아? 스키 탈 줄 알아?
탈 줄 몰라, 난 스키 탈 줄 몰라.
일찍 자고 일찍 일어나, 매일 운동해.
매일 매일 더 건강해져.

你要买什么?
Nǐ yào mǎi shénme?

我要买本子。
Wǒ yào mǎi běnzi.

多少钱？
Duōshao qián?

两块。
Liǎng kuài.

你要买什么？ 43

Nǐmen yào mǎi shénme?

① Wǒ yào mǎi bǐhé.

② Wǒ yào mǎi wánjù hé qiānbǐ.

③ Wǒ yào mǎi běnzi hé xiàngpí.

 27 어떻게 발음할까요? 잘 듣고 따라해 보세요.

j

입을 옆으로 벌려 혓바닥과 입천장을 가까이한 상태에서 우리말 [지]처럼 발음합니다.

jīdàn

juédìng

鸡蛋 달걀

决定 결정하다

q

입을 옆으로 벌려 혓바닥과 입천장을 가까이한 상태에서 공기를 더 내뿜으며 우리말 [치]처럼 발음합니다.

qìshuǐ

qián

汽水 사이다

钱 돈

x

입을 옆으로 벌려 혓바닥과 입천장을 가까이한 상태에서 공기를 통과시키며 우리말 [시]처럼 발음합니다.

xǐliǎn

xiào

洗脸 세수하다

笑 웃다

 一起玩儿吧 yìqǐ wánr ba　　가게놀이

Ⓐ Duōshao qián?

Ⓑ _____ kuài.

5

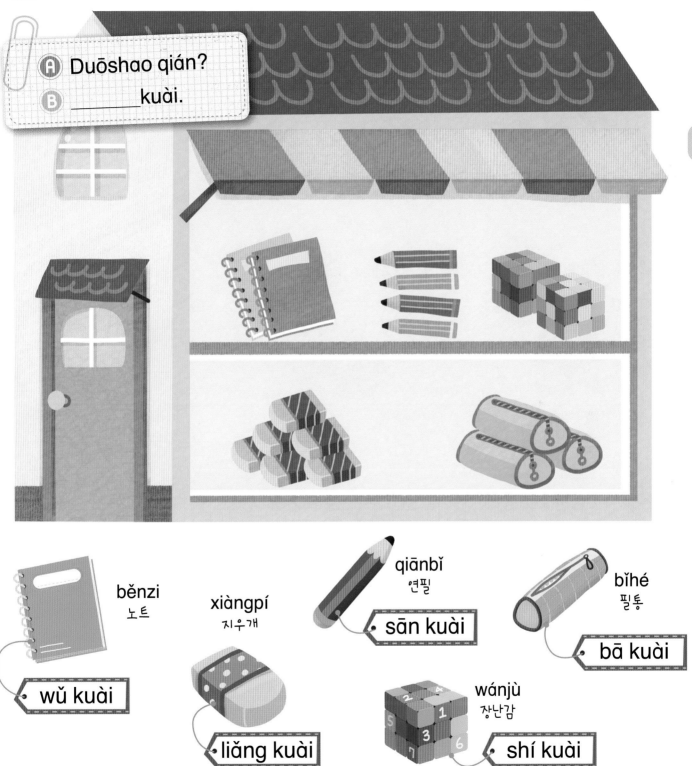

běnzi
노트

wǔ kuài

xiàngpí
지우개

liǎng kuài

qiānbǐ
연필

sān kuài

wánjù
장난감

shí kuài

bǐhé
필통

bā kuài

✳ 부록에 있는 문구들을 오려서 사고 싶은 것을 골라 손에 들고 짝과 함께 문구점 주인과 손님이 되어 얼마인지
묻고 답해 보세요. 부록에 있는 종이돈을 오려서 직접 계산해 보세요.

做一做 zuò yi zuò　연습문제

① 들려주는 내용을 잘 듣고 사고 싶어하는 학용품에 ○ 하세요. 🎧28

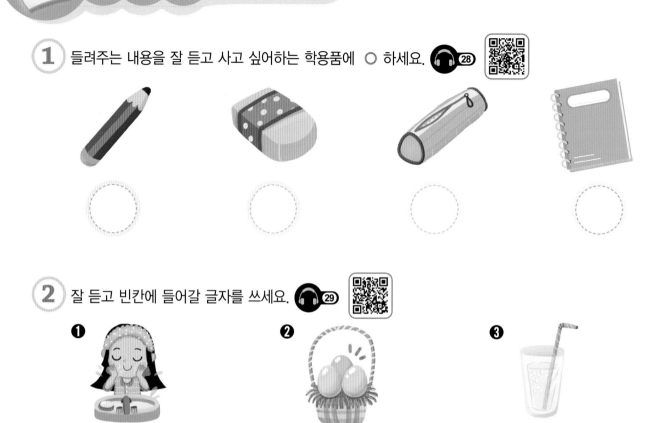

○　　　○　　　○　　　○

② 잘 듣고 빈칸에 들어갈 글자를 쓰세요. 🎧29

❶ ☐ ǐliǎn

❷ ☐ īdàn

❸ ☐ ìshuǐ

③ 가격표를 잘 보고, 금액에 해당하는 물건의 스티커를 골라 붙여 주세요.

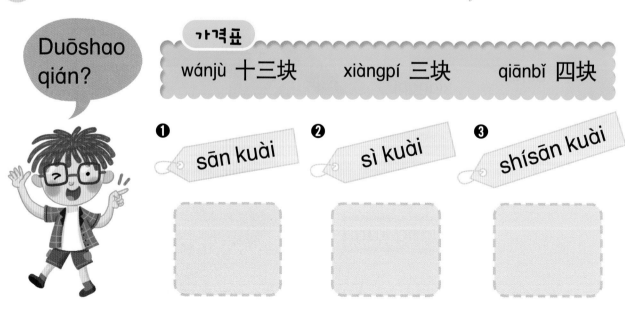

Duōshao qián?

가격표

wánjù 十三块　　xiàngpí 三块　　qiānbǐ 四块

❶ sān kuài

❷ sì kuài

❸ shísān kuài

多少钱? 얼마예요?

Yào mǎi shénme? Yào mǎi shénme? Nǐ 🔔 yào mǎi shénme?

Yào mǎi běnzi, yào mǎi běnzi, wǒ 🔔 yào mǎi běnzi.

Duōshao qián? 🔔 Duōshao qián? 🔔 Běnzi duōshao qián? 🔔🔔

Wǔ kuài qián, 🔔 wǔ kuài qián, 🔔 běnzi wǔ kuài qián. 🔔🔔

뭐 사려고? 뭐 사려고? 너 뭐 사려고?

노트 사려고, 노트 사려고, 노트 사려고 해요.

얼마예요? 얼마예요? 노트 얼마예요?

5위안이야, 5위안이야, 노트는 5위안이야.

5

你要买什么? 49

Unit 6 你想吃什么?

你想吃什么?
Nǐ xiǎng chī shénme?

我想吃汉堡包。
Wǒ xiǎng chī hànbǎobāo.

你想喝什么?
Nǐ xiǎng hē shénme?

我想喝牛奶。
Wǒ xiǎng hē niúnǎi.

6

단어

想 xiǎng ~하고 싶다
吃 chī 먹다
汉堡包 hànbǎobāo 햄버거
喝 hē 마시다

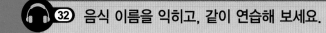

물

shuǐ 水

우유

niúnǎi 牛奶

오렌지주스

chéngzhī 橙汁

콜라

kělè 可乐

❶ Wǒ xiǎng chī bǐsàbǐng.

❷ Wǒ xiǎng hē chéngzhī.

피자

bǐsàbǐng
比萨饼

감자튀김

shǔtiáo
薯条

과자

bǐnggān
饼干

케이크

dàngāo
蛋糕

빵

miànbāo
面包

햄버거

hànbǎobāo
汉堡包

핫도그

règǒu
热狗

아이스크림

bīngqílín
冰淇淋

练习 liànxí 33

Nǐ xiǎng chī shénme?

Nǐ xiǎng hē shénme?

niúnǎi

kělè

règǒu

hànbǎobāo

你想吃什么? 53

Z

혀끝을 윗니 뒤쪽에 살짝 붙였다가 떼면서 [쯔]처럼 힘주어 발음합니다.

zuòyè

作业 숙제

zāng

脏 더럽다

C

혀끝을 윗니 뒤쪽에 살짝 붙였다가 떼면서 공기를 더 내뿜으며 [츠]처럼 발음합니다.

cídiǎn

词典 사전

cāicāicāi

猜猜猜 가위바위보

※가위바위보는 다른 말로 jiǎndāo shítou bù라고 합니다.

S

혀끝을 윗니 뒤쪽에 살짝 붙였다가 떼면서 공기를 통과시키며 [쓰]처럼 발음합니다.

sījī

司机 운전사

suàn

蒜 마늘

Nǐ xiǎng chī shénme?
Nǐ xiǎng hē shénme?

6

※ 손가락으로 동전을 튕긴 후 동전이 위치한 자리의 단어를 넣어서 Wǒ xiǎng chī _____. 또는 Wǒ
xiǎng hē _____.라고 말해 보세요. 폭탄이 있는 자리에 동전이 가면 기회를 잃게 되니 조심하세요.

1 그림을 보고 성조가 맞게 표시된 것에 ○ 하세요.

❶ hànbǎobāo / hànbàobāo

❷ chéngzhī / chéngzhǐ

❸ bǐsàbǐng / bǐsàbīng

2 잘 듣고 알맞은 것끼리 연결하세요. 🎧 35

Wǒ xiǎng

❶
❷
❸
❹

吃

喝

3 잘 듣고 알맞은 단어에 ○ 하세요. 🎧 36

❶ cāicāicāi / cídiǎn

❷ zuòyè / zāng

❸ suàn / sījī

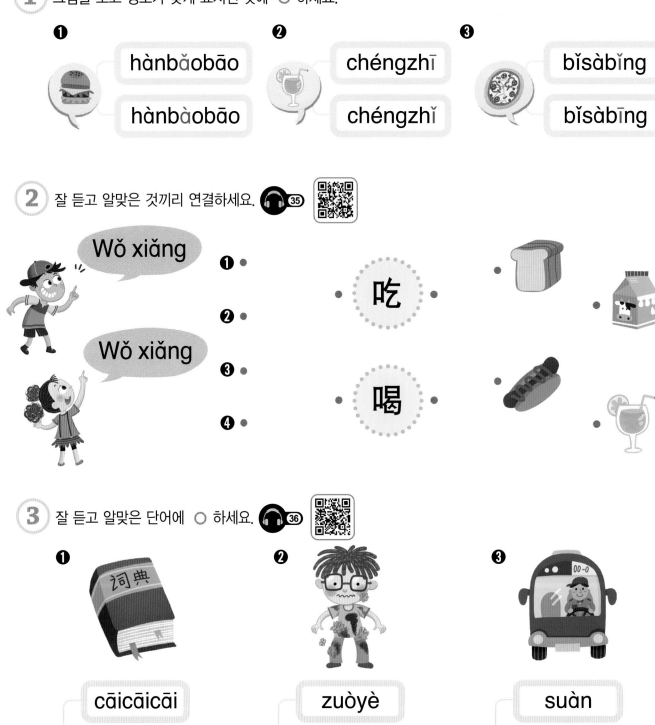

我都喜欢吃 나는 다 좋아해

Miànbāo hǎo chī, miànbāo hǎo chī.

Bīngqílín tián, bīngqílín tián.

Niúnǎi hǎo hē, niúnǎi hǎo hē.

Bǐnggān xián, bǐnggān xián.

Wǒ dōu xǐhuan chī.

Wǒ dōu xǐhuan chī.

빵은 맛있어, 빵은 맛있어.

아이스크림은 달아, 아이스크림은 달아.

우유는 맛 좋아, 우유는 맛 좋아.

과자는 짜, 과자는 짜.

나는 다 좋아해.

나는 다 좋아해.

你在干什么?

你在干什么?
Nǐ zài gàn shénme?

我在学习。
Wǒ zài xuéxí.

단어

在 zài ~하고 있다
干 gàn 하다
汉语 Hànyǔ 중국어

你在学习什么?
Nǐ zài xuéxí shénme?

我在学习汉语。
Wǒ zài xuéxí Hànyǔ.

Nǐ zài gàn shénme?

1

Wǒ zài kàn diànshì.

看电视 TV를 보다

2

Wǒ zài xǐzǎo.

洗澡 목욕하다

3

Wǒ zài tīng yīnyuè.

听音乐 음악을 듣다

④ Tā zài gàn shénme?

⑤ Tā zài shuāyá.

刷牙 이를 닦다

⑥ Tā zài gàn shénme?

⑦ Tā zài shuìjiào.

睡觉 자다

⑧ Tā zài gàn shénme?

⑨ Tā zài dǎsǎo.

打扫 청소하다

7

 zh 혀끝을 위로 살짝 올려 윗잇몸의 단단한 부분에 대었다가 떼면서 발음합니다.

 zhū

猪 돼지

 zhàopiàn

照片 사진

 ch 혀끝을 위로 살짝 올려 윗잇몸의 단단한 부분에 대었다가 떼면서 공기를 더 내뿜으며 발음합니다.

 chē

车 차

 chá

茶 차

 sh 혀끝을 위로 살짝 올려 윗잇몸의 단단한 부분에 가까이 위치시키고 그 사이로 공기를 통과시켜 발음합니다.

 shū

书 책

  shǒutào

手套 장갑

 **r** 혀끝을 위로 살짝 올려 윗잇몸의 단단한 부분에 가까이 위치시키고 우리말 [르]처럼 발음합니다.

rè

热 덥다

 rì

日 일

一起玩儿吧 yìqǐ wánr ba   빙고놀이

Tā zài _____.

tīng yīnyuè 음악듣다

dǎsǎo 청소하다

chīfàn 밥을 먹다

shuāyá 이를 닦다

kàn diànshì 티비를 보다

zuò zuòyè 숙제하다

xǐzǎo 목욕하다

xǐliǎn 세수하다

shuìjiào 자다

※ 부록에 있는 카드를 오린 후 (가로3 × 세로 3줄) 잘 섞어 뒷면이 보이도록 놓습니다. 돌아가면서 차례대로 카드를 뒤집어 그림을 보면서 Tā zài _____.라고 말합니다. 먼저 두 줄(가로/세로/대각선)을 만든 사람이 이깁니다. 카드를 보고 말하지 못하면 카드는 다시 뒷면이 보이도록 합니다.

做一做 zuò yi zuò　연습문제

1 들려주는 내용과 일치하는 그림에 동그라미 하세요. 🎧41

❶  　❷

2 잘 듣고 알맞은 것끼리 연결하세요. 🎧42

❶

❷

❸

ⓐ rì

ⓑ shǒutào

ⓒ chē

ⓓ zhàopiàn

ⓔ rè

ⓕ zhū

3 아래 문장을 큰 소리로 읽고, 알맞은 스티커를 붙여 보세요.

❶ Tā zài dǎsǎo.

❷ Tā zài xǐliǎn.

❸ Tā zài shuìjiào.

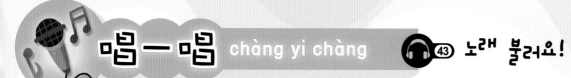

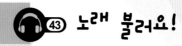

狐狸呀！狐狸呀！

여우야! 여우야!

여우야 여우야 뭐하니?

잠잔다 잠꾸러기!

여우야 여우야 뭐하니?

세수한다 멋쟁이!

여우야 여우야 뭐하니?

밥 먹는다 무슨 반찬?

개구리 반찬 죽었니 살았니? (살았다!)

Unit 8 我比你高。

我比你高。
Wǒ bǐ nǐ gāo.

我比你矮。
Wǒ bǐ nǐ ǎi.

단어

比 bǐ ~보다 (비교)
高 gāo 크다, 높다
矮 ǎi 작다, 낮다
大 dà 나이가 많다
小 xiǎo 나이가 적다

 我比你大。
Wǒ bǐ nǐ dà.

 我比你小。
Wǒ bǐ nǐ xiǎo.

我比你高。

> Wǒ bǐ tāmen gāo.

> Wǒ bǐ tāmen màn.

1

> Wǒ bǐ nǐ ǎi.

크다
작다

gāo 高　　ǎi 矮

2

> Tā bǐ wǒ pàng.

뚱뚱하다　마르다

pàng 胖　　shòu 瘦

5

Wǒ bǐ tā màn.

느리다 빠르다

màn 慢 kuài 快

3

Tā bǐ wǒ qiáng.

(힘이) 강하다 (힘이) 약하다

qiáng 强 ruò 弱

4

Wǒ bǐ tā xiǎo.

나이가 많다 나이가 적다

dà 大 xiǎo 小

 46 성조가 어떻게 변할까요? 잘 듣고 따라해 보세요.

성조의 변화

- 3성과 1성, 2성, 4성이 만나면 앞의 3성은 내려가는 부분까지만 발음하고 다음 성조의 발음을 합니다.
- 3성과 3성이 만나면 앞의 3성은 2성으로 변해서, dǎsǎo는 dásǎo처럼 발음해야 합니다. 그러나 성조기호는 그대로 dǎsǎo로 표기합니다.

3성 + 1성

lǎoshī

老师 선생님

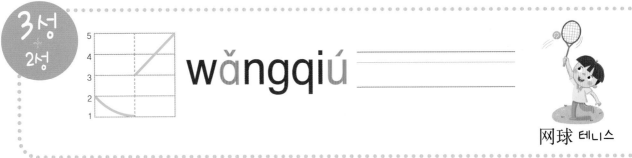

3성 + 2성

wǎngqiú

网球 테니스

3성 + 3성

dǎsǎo

打扫 청소하다

3성 + 4성

kělè

可乐 콜라

一起玩儿吧 yìqǐ wánr ba   누가 누가 더?

Wǒ bǐ nǐ _____.

qiáng	7	gāo		dà		pàng		kuài
ruò		ǎi		xiǎo		shòu		màn

※ 연필을 중앙에 세웠다가 쓰러뜨려서 연필이 가리키는 그림의 단어를 찾아 해당하는 숫자를 쓰세요. 그리고 그 형용사를 넣어 문장을 만들어 보세요. 반드시 중국어를 말해야 점수를 얻을 수 있습니다. 두 팀으로 나누어 자신이 쓴 숫자의 점수를 모두 더하여 많은 팀이 승리. Wǒ bǐ nǐ _____.

1　잘 듣고 '내가' 누구인지 찾아 ✔ 하세요. 🎧 47

❶

❷

❸

2　잘 듣고 알맞은 성조를 고르세요. 🎧 48

❶

kělè

kélè

❷

lǎoshī

làoshī

❸

wāngqiú

wǎngqiú

3　그림을 보고 빈칸에 알맞은 글자를 써 넣으세요.

wǒ

❶ Tā bǐ wǒ _____.

❷ Tā bǐ wǒ _____.

❸ Tā bǐ wǒ _____.

dà　shòu　qiáng　ruò　gāo　pàng

 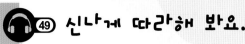
我比你 나는 너보다

gāo–ǎi Nǐ bǐ wǒ gāo.

pàng–shòu Nǐ bǐ wǒ pàng.

kuài–màn Nǐ bǐ wǒ kuài.

dà–xiǎo Nǐ bǐ wǒ dà.

크다-작다 너는 나보다 커.

뚱뚱해-말랐어 너는 나보다 뚱뚱해.

빨라-느려 너는 나보다 빨라.

나이가 많아-나이가 적어 너는 나보다 나이가 많아.

gāo–ǎi Wǒ bǐ nǐ gāo.

pàng–shòu Wǒ bǐ nǐ pàng.

크다-작다 나는 너보다 커.

뚱뚱해-말랐어 나는 너보다 뚱뚱해.

kuài–màn Wǒ bǐ nǐ kuài.

빨라-느려 나는 너보다 빨라.

dà–xiǎo Wǒ bǐ nǐ dà.

나이가 많아-나이가 적어 나는 너보다 나이가 많아.

8

我比你高。 73

Unit 9 喂！南南在家吗？

喂！ 南南在家吗？
Wéi!　Nánnan zài jiā ma?

她在家，你是谁？
Tā zài jiā,　 nǐ shì shéi?

我是她的朋友明明。
Wǒ shì tā de péngyou Míngming.

等一下。
Děng yíxià.

단어

喂 wéi 여보세요
在 zài ~에 있다
朋友 péngyou 친구
等 děng 기다리다
一下 yíxià 잠깐, 잠시

听和说 tīng hé shuō 🎧 ⑤1

전화할 때 쓰는 표현을 익히고, 직접 전화를 걸어 보세요.

1 Wéi! Nǐ hǎo!

2 Wéi! Nǐ hǎo! Nǐ shì shéi?

3 Wǒ shì Míngming de péngyou Nánnan.

4 A! Nánnan, nǐ hǎo!

跟我念 gēn wǒ niàn

 52 성조가 어떻게 변할까요? 잘 듣고 따라해 보세요.

성조의 변화

• 不는 원래 4성이지만, 뒤에 4성이 오면 不가 2성으로 발음됩니다. 不뒤에 1, 2, 3성이 올 때는 성조 변화 없이 4성으로 발음됩니다.

不喝 마시지 않다

bù hē

不忙 바쁘지 않다

bù máng

不好 좋지 않다

bù hǎo

不会 할 수 없다

bú huì

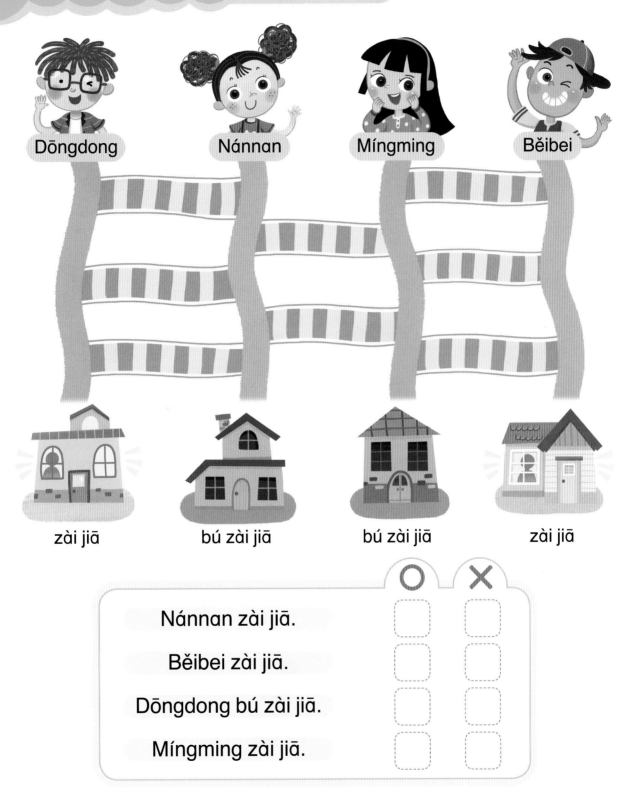

一起玩儿吧 yìqǐ wánr ba 　사다리 타기

Dōngdong　　Nánnan　　Míngming　　Běibei

zài jiā　　bú zài jiā　　bú zài jiā　　zài jiā

	○	✕
Nánnan zài jiā.		
Běibei zài jiā.		
Dōngdong bú zài jiā.		
Míngming zài jiā.		

✱ 사다리를 따라 내려 가 봐요. 과연 집에 있는 사람은 누구일까요? 사다리 아래에 있는 문장을 보고 맞으면 ○에 표시를, 틀리면 ✕에 표시하세요.

做一做 zuò yi zuò　연습문제

1 잘 듣고 그림에 맞게 질문에 답해 보세요. 🎧53

❶ Tā ＿＿＿＿＿＿＿＿. ❷ Tā ＿＿＿＿＿＿＿＿. ❸ Tā ＿＿＿＿＿＿＿＿.

2 잘 듣고 알맞은 성조를 표시하세요. 🎧54

❶ bu mang　❷ bu hao　❸ bu hui　❹ bu he

3 다음 그림을 보고 빈칸에 알맞은 글자를 써 넣어 대화를 완성하세요.

☐ ! Nǐ hǎo!

☐ ! Nǐ hǎo!
Nǐ shì ☐ ?

喂 여보세요

Wéi! Wéi! Nánnan zài jiā ma?

Tā zài jiā, nǐ shì shéi?

Wǒ shì tā de hǎo péngyou.

여보세요! 여보세요! 난난이 집에 있나요?
집에 있단다, 넌 누구니?
전 난난이의 친구예요.

Wéi! Wéi! Běibei zài jiā ma?

Tā bú zài jiā, nǐ shì shéi?

Wǒ shì tā de hǎo péngyou.

여보세요! 여보세요! 베이베이 집에 있나요?
집에 없단다, 넌 누구니?
전 베이베이의 친구예요.

9

今天天气怎么样?
Jīntiān tiānqì zěnmeyàng?

今天天气很好,
Jīntiān tiānqì hěn hǎo,

今天晴天。
jīntiān qíngtiān.

 今天天气怎么样？
Jīntiān tiānqì zěnmeyàng?

 今天天气不好，
Jīntiān tiānqì bù hǎo,

今天下雨。
jīntiān xiàyǔ.

10

 단어

天气 tiānqì 날씨
怎么样 zěnmeyàng 어때
很 hěn 매우
晴天 qíngtiān 맑다
下雨 xiàyǔ 비오다

Jīntiān tiānqì zěnmeyàng?

1

Jīntiān guāfēng.

2

Jīntiān xiàyǔ.

刮风 바람이 불다

下雨 비가 오다

❸

Jīntiān qíngtiān.

晴天 맑다

❹

Jīntiān yīntiān.

阴天 흐리다

❺

Jīntiān xiàxuě.

下雪 눈이 오다

🎧 58 성조가 어떻게 변할까요? 잘 듣고 따라해 보세요.

성조의 변화

• 一 뒤에 1, 2, 3성이 오면 一가 4성으로 바뀌고, 一 뒤에 4성이 오면 一는 2성으로 발음됩니다.

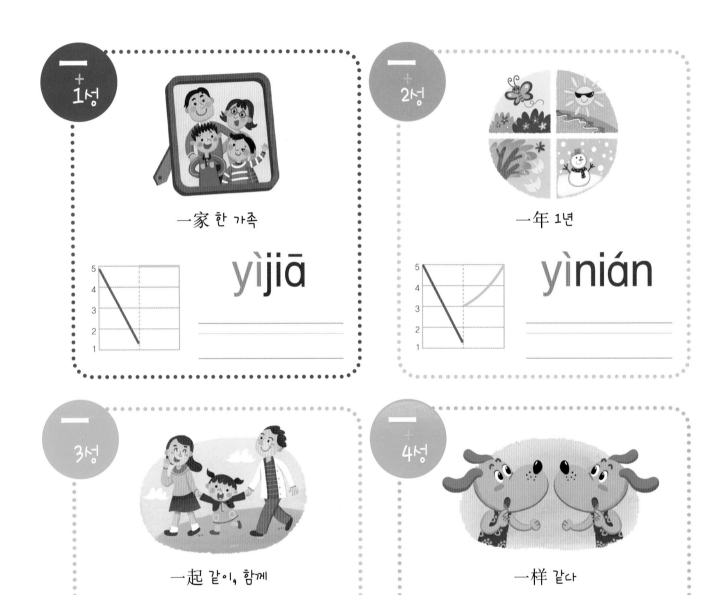

一 + 1성

一家 한 가족

yìjiā

一 + 2성

一年 1년

yìnián

一 + 3성

一起 같이, 함께

yìqǐ

一 + 4성

一样 같다

yíyàng

一起玩儿吧 yìqǐ wánr ba

누가 먼저 도착할까?

Jīntiān tiānqì zěnmeyàng?

※ 두 명씩 동전과 말을 준비하고 도착한 칸의 날씨를 중국어로 묻고 대답해 보세요. 동전의 앞면이 나오면
2칸, 뒷면이 나오면 1칸 앞으로 전진합니다.

做一做 zuò yi zuò 연습문제

1 잘 듣고 들려주는 내용과 그림이 일치하면 ○표, 일치하지 않으면 ✕표 하세요. 🎧 59

❶ ❷ ❸ ❹

2 잘 듣고 알맞은 성조를 표시하세요. 🎧 60

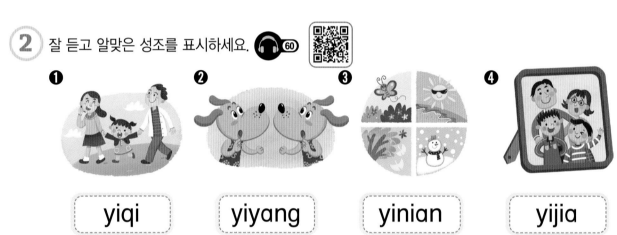

❶ ❷ ❸ ❹

| yiqi | yiyang | yinian | yijia |

3 문장을 읽고 빈칸에 알맞은 스티커를 붙여 보세요.

❶ Jīntiān yīntiān.

❷ Jīntiān guāfēng.

❸ Jīntiān xiàyǔ.

> Jīntiān tiānqì zěnmeyàng?

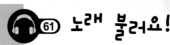

唱一唱 chàng yi chàng 🎧61 노래 불러요!

今天天气怎么样? 오늘 날씨 어때?

jīn tiān tiān qì zěn me yàng

jīn tiān jīn tiān qíng tiān
(xià yǔ)

jīn tiān tiān qì zěn me yàng

jīn tiān jīn tiān yīn tiān
(xià xuě)

오늘 날씨 어때?

오늘 오늘은 맑아 (비가 와)

오늘 날씨 어때?

오늘 오늘은 흐려 (눈이 내려)

1 你去哪儿? 어디 가?

본문 해석 p.10,11

난난	어디 가?
베이베이	병원에 가.
베이베이	너희들은 어디 가?
난난,동동	우리는 학교에 가.

tīng hé shuō p.12,13

❶ 어디 가?

❷ 슈퍼마켓에 가.

❸ 어디 가?

❹ 우체국에 가.

❺ 나도 우체국에 가.

❻ 너희는 어디 가?

❼ 우린 공원에 가.

❽ 우리 같이 가자!

연습문제 정답 p.16

① 3, 2, 1

② ①   ②

③ gōngyuán. | yóujú. | yīyuàn. | shūdiàn.

노래 가사 p.17

小白兔 小白兔 你去哪儿？你去哪儿？

蹦蹦跳跳 小白兔 你去哪儿？你去哪儿？

＊蹦蹦跳跳 bèngbengtiàotiào 깡충깡충

2 今天几月几号?

오늘은 몇 월 며칠이야?

본문 해석 p.18

난난	오늘은 몇 월 며칠이야?
베이베이	11월 29일이야.
난난	오늘은 무슨 요일이야?
베이베이	화요일이야.

연습문제 정답 p.24

① ① × ② ○ ③ ○

②

③ ① sì | jiǔ ② liù ③ xīngqīyī

노래 가사 p.25

今天几月几号？星期几？

今天五月九号，星期三。

明天几月几号？星期几？

明天五月十号，星期四。

＊明天 míngtiān 내일

3 现在几点? 지금 몇 시야?

본문 해석 p.26,27

난난	지금 몇 시예요?
아빠	7시야.
베이베이	지금 몇 시야?
난난	4시 45분이야.

tīng hé shuō p.28,29

❶ 지금 몇 시야?

❷ 지금 오후 2시야.

❸ 지금 아침 7시 15분이야.

❹ 지금 오후 4시 20분이야.

❺ 지금 밤 10시 50분이야.

연습문제 정답 p.32

① 2, 1, 4, 3

② ①t ②l ③d ④n

③

노래 가사 p.33

几点？现在几点？

八点，早上八点。

快点起床上学去吧。

几点？现在几点？

十点，晚上十点。

快点进屋睡觉吧。

＊快点 kuàidiǎn 어서, 서둘러 ＊起床 qǐchuáng 일어나다

＊上学 shàngxué 등교하다 ＊进屋 jìnwū 방에 들어가다

4 你会游泳吗? 수영 할 줄 알아?

본문 해석 p.34,35

베이베이   수영 할 줄 알아?

난난   수영 못 해.

난난   농구 할 줄 알아?

베이베이   농구 할 줄 알아.

tīng hé shuō p.36, p.37

수영 할 줄 아니?

저 수영 못해요.

❶ 나 축구 할 줄 알아.

❷ 나도 축구 할 줄 알아.

❸ 농구 할 줄 알아.

❹ 야구 할 줄 알아.

❺ 스케이트 탈 줄 알아.

❻ 테니스 칠 줄 알아.

❼ 스키 탈 줄 몰라.

❽ 쟤는 배드민턴 칠 줄 알아.

연습문제 정답 p.40

① ①

② ① g (k) ② (g) k ③ k (h)

③

| huì | huì | ne | bú huì |

| tī | huì | dǎ |

노래 가사 p.41

你会游泳吗？会游泳吗？

会，会，我会游泳。

你会滑雪吗？会滑雪吗？

不会，不会，我不会滑雪。

早睡早起，每天做运动。

每天会变得更健康。

＊早睡早起 zǎo shuì zǎo qǐ 일찍 자고 일찍 일어나다

＊每天 měitiān 매일   ＊变得 biàn de ~로 되다

* 更 gèng 더, 훨씬   * 健康 jiànkāng 건강하다

5 你要买什么? 뭐 살 거야?

본문 해석 p.42,43

문구점 주인	뭐 살 거니?
난난	노트 살 거예요.
난난	얼마예요?
문구점 주인	2원(위엔)이야.

tīng hé shuō p.44,45

너희들 뭐 살 거니?

① 저는 필통 살 거예요.

② 장난감이랑 연필 살 거예요.

③ 저는 노트하고 지우개 살 거예요.

④ 얼마예요?

⑤ 7위엔이다.

⑥ 얼마예요?

⑦ 8위엔이다.

⑧ 얼마예요?

⑨ 13위엔이다.

연습문제 정답 p.48

①

○　　○　　○

② ① × ② j ③ q

③ ①  ② ③

노래 가사 p.49

要买什么?要买什么?你要买什么?

要买本子，要买本子，我要买本子。

多少钱?多少钱?本子多少钱?

五块钱，五块钱，本子五块钱。

6 你想吃什么? 뭐가 먹고 싶어?

본문 해석 p.51

점원	뭐가 먹고 싶니?
난난	햄버거가 먹고 싶어요.
점원	뭐가 마시고 싶니?
베이베이	우유가 마시고 싶어요.

tīng hé shuō p.52

① 피자 먹고 싶어요.

② 오렌지주스 마시고 싶어요.

liànxí p.53

뭐가 먹고 싶어?

뭐가 마시고 싶어?

연습문제 정답 p.56

①

②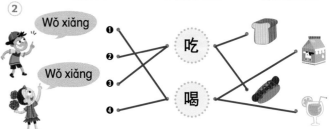

③ ①  cāicāicāi / cídiǎn ② zuòyè / zāng ③ suàn / sījī

노래 가사   p.57

面包好吃，面包好吃。

冰淇淋甜，冰淇淋甜。

牛奶好喝，牛奶好喝。

饼干咸，饼干咸。

我都喜欢吃。

我都喜欢吃。

* 甜 tián 달다

* 咸 xián 짜다

* 都 dōu 모두

7 你在干什么? 뭐 하고 있니?

본문 해석   p.58,59

아빠   뭐 하고 있니?

난난   공부하고 있어요.

아빠   무슨 공부하고 있니?

난난   중국어 공부하고 있어요.

tīng hé shuō   p.60, 61

뭐 하고 있니?

❶ 텔레비전 보고 있어요.

❷ 목욕하고 있어요.

❸ 음악 듣고 있어요.

❹ 그는(아빠는) 뭐하고 있어?

❺ 그는(아빠는) 이를 닦고 있어.

❻ 쟤는(고양이는) 뭐하고 있어?

❼ 쟤는(고양이는) 자고 있어.

❽ 그녀는(엄마는) 뭐하고 있어?

❾ 그녀는(엄마는) 청소하고 있어.

연습문제 정답   p.64

① ①  ②

② ① ⓒ ② ⓑ ③ ⓔ

③ ①  ② ③

노래 가사   p.65

狐狸呀 狐狸呀 在干什么？

睡大觉 小懒鬼

狐狸呀 狐狸呀 在干什么？

洗脸呢 真爱美

狐狸呀 狐狸呀 在干什么？

在吃饭 什么菜？

青蛙 死的？活的？(活着呢)

* 狐狸 húli 여우   * 睡大觉 shuì dàjiào 실컷 자다

* 小懒鬼 xiǎo lǎnguǐ 게으름뱅이

* 真爱美 zhēn ài měi 예쁜 것을 좋아하다(멋쟁이)

* 青蛙 qīngwā 청개구리   * 死的 sǐ de 죽은 것

* 活的 huó de 산 것

8 我比你高。 난 너보다 키가 커.

본문 해석   p.66,67

동동   난 너보다 키가 커.

난난   난 너보다 키가 작아.

동동   난 너보다 나이가 많아.

난난   난 너보다 나이가 어려.

tīng hé shuō   p.68,69

나는 쟤들보다 커요.

나는 쟤들보다 느려요.

❶ 나는 너보다 작아.

❷ 그녀는 나보다 뚱뚱해.

❸ 그는 나보다 힘이 세.

❹ 나는 그녀보다 어려.

❺ 나는 그보다 느려.

연습문제 정답   p.72

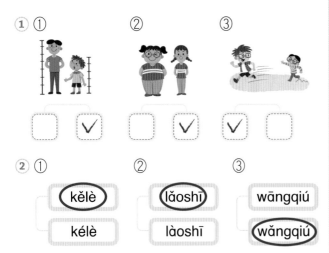

③ ① pàng ② gāo ③ qiáng

노래 가사   p.73

高 矮 你比我高。

胖 瘦 你比我胖。

快 慢 你比我快。

大 小 你比我大。

高 矮 我比你高。

胖 瘦 我比你胖。

快 慢 我比你快。

大 小 我比你大。

9 喂！ 南南在家吗？

여보세요! 난난 집에 있어요?

본문 해석   p.74

밍밍   여보세요! 난난 집에 있어요?

난난 엄마   집에 있는데, 넌 누구니?

밍밍   저는 난난이 친구 밍밍이에요.

난난 엄마   잠깐만 기다려라.

tīng hé shuō   p.76,77

❶ 여보세요! 안녕하세요!

❷ 여보세요! 안녕! 누구니?

❸ 저는 밍밍 친구 난난이에요.

❹ 아! 난난, 안녕!

❺ 밍밍 집에 있나요?

❻ 집에 없구나.

❼ 네, 알겠습니다. 안녕히 계세요!

❽ 안녕!

연습문제 정답   p.80

① ① bú zài jiā ② zài jiā ③ bú zài jiā

② ① bù máng ② bù hǎo ③ bú huì ④ bù hē

③ Wéi, Wéi, shéi

노래 가사   p.81

喂! 喂! 南南在家吗?

她在家, 你是谁?

我是她的好朋友。

喂! 喂! 北北在家吗?

他不在家, 你是谁?

我是他的好朋友。

10 今天天气怎么样?

오늘 날씨 어때?

본문 해석   p.82,83

강아지   오늘 날씨 어때?

난난   오늘 날씨 좋아, 맑아.

강아지   오늘 날씨 어때?

난난   오늘 날씨 안 좋아, 비가 와.

tīng hé shuō   p.84,85

오늘 날씨 어때?

❶ 오늘 바람이 불어.

❷ 오늘 비가 와.

❸ 오늘 맑아.

❹ 오늘 흐려.

❺ 오늘 눈이 와.

연습문제 정답   p.88

① ① × ② ○ ③ × ④ ○

② ① yìqǐ ② yíyàng ③ yìnián ④ yìjiā

③ ①   ②   ③

노래 가사   p.89

今天天气怎么样?

今天 今天 晴天(下雨)

今天天气怎么样?

今天 今天 阴天(下雪)

신니하오 어린이 중국어 ❷권 듣기문제 스크립트입니다.

Unit 1 p.16

1.

❶ A: Nǐ qù nǎr?

B: Wǒ qù wénjùdiàn.

❷ A: Nǐ qù nǎr?

B: Wǒ qù xuéxiào.

❸ A: Nǐ qù nǎr?

B: Wǒ qù gōngyuán.

2.

❶ yúncai

❷ xuéxiào

Unit 2 p.24

1.

❶ A: Jīntiān jǐ yuè jǐ hào?

B: Jīntiān liù yuè shíwǔ hào.

❷ A: Jīntiān jǐ yuè jǐ hào?

B: Jīntiān sān yuè bā hào.

❸ A: Jīntiān xīngqī jǐ?

B: Jīntiān xīngqīyī.

2.

❶ pà

❷ bōluó

❸ fàn

Unit 3 p.32

1.

❶ A: Xiànzài jǐ diǎn?

B: Xiànzài bā diǎn sìshíwǔ fēn.

❷ A: Xiànzài jǐ diǎn?

B: Xiànzài sì diǎn.

❸ A: Xiànzài jǐ diǎn?

B: Xiànzài wǔ diǎn sānshí fēn.

❹ A: Xiànzài jǐ diǎn?

B: Xiànzài liǎng diǎn.

2.

❶ tùzi

❷ lù

❸ dùzi

❹ niúnǎi

Unit 4 p.40

1.

❶ A: Nǐ huì yóuyǒng ma?

B: Wǒ huì yóuyǒng.

❷ A: Nǐ huì dǎ lánqiú ma?

B: Wǒ bú huì dǎ lánqiú.

2.

❶ kū

❷ gālí

❸ hǔ

Unit 5 p.48

1.

A: Nǐ yào mǎi shénme?

B: Wǒ yào mǎi qiānbǐ hé bǐhé.

A: Xiàngpí ne?

B: Xiàngpí yě yào mǎi.

2.

❶ xǐliǎn

❷ jīdàn

❸ qìshuǐ

Unit 6 p.56

1.

❶ Wǒ xiǎng hē niúnǎi.

❷ Wǒ xiǎng chī miànbāo.

❸ Wǒ xiǎng chī règǒu.

❹ Wǒ xiǎng hē chéngzhī.

2.

❶ cídiǎn

❷ zāng

❸ sījī

Unit 7 p.64

1.

❶ A: Nǐ zài gàn shénme?

B: Wǒ zài xǐzǎo.

❷ A: Nǐ zài gàn shénme?

B: Wǒ zài chīfàn.

2.

❶ chē

❷ shǒutào

❸ rè

Unit 8 p.72

1.

❶ Wǒ bǐ tā ǎi.

❷ Tā bǐ wǒ pàng.

❸ Wǒ bǐ tā kuài.

2.

❶ kělè

❷ lǎoshī

❸ wǎngqiú

부록

Unit 9   p.80

1.

❶ Běibei zài jiā ma?

❷ Nánnan zài jiā ma?

❸ Míngming zài jiā ma?

2.

❶ bù máng

❷ bù hǎo

❸ bú huì

❹ bù hē

Unit 10   p.88

1.

❶ A: Jīntiān tiānqì zěnmeyàng?

    B: Jīntiān tiānqì bù hǎo, jīntiān xiàyǔ.

❷ A: Jīntiān tiānqì zěnmeyàng?

    B: Jīntiān guāfēng.

❸ A: Jīntiān tiānqì zěnmeyàng?

    B: Jīntiān xiàxuě.

❹ A: Jīntiān tiānqì zěnmeyàng?

    B: Jīntiān tiānqì hěn hǎo.

2.

❶ yìqǐ

❷ yíyàng

❸ yìnián

❹ yìjiā

매 과 새단어와 추가 표현 단어 162개의 단어를 과별로 정리하였습니다. 얼마나 알고 있는지 확인해 보세요.

Unit 1

去	qù	가다
哪儿	nǎr	어디
医院	yīyuàn	병원
学校	xuéxiào	학교
我们	wǒmen	우리
一起	yìqǐ	같이, 함께
吧	ba	문장 끝에 쓰여 부드럽게 권유하는 어기를 나타냄
超市	chāoshì	슈퍼마켓
图书馆	túshūguǎn	도서관
书店	shūdiàn	서점
邮局	yóujú	우체국
文具店	wénjùdiàn	문구점
学习	xuéxí	공부하다
云彩	yúncai	구름
运动	yùndòng	운동(하다)
圈子	quānzi	동그라미
耳朵	ěrduo	귀
蹦蹦跳跳	bèngbengtiàotiào	깡충깡충

Unit 2

今天	jīntiān	오늘
月	yuè	월
号	hào	일
星期	xīngqī	요일
星期一	xīngqīyī	월요일
星期二	xīngqī'èr	화요일
星期三	xīngqīsān	수요일
星期四	xīngqīsì	목요일
星期五	xīngqīwǔ	금요일
星期六	xīngqīliù	토요일
星期天	xīngqītiān	일요일
菠萝	bōluó	파인애플
饱	bǎo	배부르다
怕	pà	두려워하다
便宜	piányi	싸다
马	mǎ	말
面包	miànbāo	빵
饭	fàn	밥
飞	fēi	날다
明天	míngtiān	내일

Unit 3

现在	xiànzài	지금
点	diǎn	~시
分	fēn	~분
早上	zǎoshang	아침
下午	xiàwǔ	오후
晚上	wǎnshang	저녁(밤)
肚子	dùzi	배

登山	dēngshān	등산하다
兔子	tùzi	토끼
烫	tàng	뜨겁다
年	nián	년
牛奶	niúnǎi	우유
鹿	lù	사슴
累	lèi	피곤하다
快点	kuàidiǎn	어서, 서둘러
起床	qǐchuáng	일어나다
上学	shàngxué	등교하다
进屋	jìnwū	방에 들어가다

Unit 4

会	huì	할 줄 안다
游泳	yóuyǒng	수영하다
打篮球	dǎ lánqiú	농구하다
足球	zúqiú	축구
篮球	lánqiú	농구
棒球	bàngqiú	야구
滑冰	huábīng	스케이트를 타다
网球	wǎngqiú	테니스
滑雪	huáxuě	스키를 타다
羽毛球	yǔmáoqiú	배드민턴
咖喱	gālí	카레
感冒	gǎnmào	감기(걸리다)
哭	kū	울다
虎	hǔ	호랑이

彩虹	cǎihóng	무지개
早睡早起	zǎo shuì zǎo qǐ	일찍 자고 일찍 일어나다
每天	měitiān	매일
变得	biàn de	~로 되다
更	gèng	더, 훨씬
健康	jiànkāng	건강하다

Unit 5

要	yào	~하려 하다
买	mǎi	사다
多少钱	duōshao qián	얼마예요
块	kuài	위엔(중국화폐단위)
铅笔	qiānbǐ	연필
橡皮	xiàngpí	지우개
玩具	wánjù	장난감
笔盒	bǐhé	필통
鸡蛋	jīdàn	달걀
决定	juédìng	결정하다
汽水	qìshuǐ	사이다
洗脸	xǐliǎn	세수하다
笑	xiào	웃다

Unit 6

想	xiǎng	~하고 싶다
吃	chī	먹다
汉堡包	hànbǎobāo	햄버거
喝	hē	마시다

水	shuǐ	물
橙汁	chéngzhī	오렌지주스
可乐	kělè	콜라
比萨饼	bǐsàbǐng	피자
薯条	shǔtiáo	감자튀김
饼干	bǐnggān	과자
热狗	règǒu	핫도그
冰淇淋	bīngqílín	아이스크림
作业	zuòyè	숙제
脏	zāng	더럽다
词典	cídiǎn	사전
猜猜猜	cāicāicāi	가위바위보
司机	sījī	운전사
蒜	suàn	마늘
甜	tián	달다
咸	xián	짜다
都	dōu	모두

Unit 7

在	zài	~하고 있다
干	gàn	하다
汉语	Hànyǔ	중국어
看电视	kàn diànshì	티비를 보다
洗澡	xǐzǎo	목욕하다
听音乐	tīng yīnyuè	음악을 듣다
刷牙	shuāyá	이를 닦다
打扫	dǎsǎo	청소하다

猪	zhū	돼지
照片	zhàopiàn	사진
车	chē	차
茶	chá	(마시는)차
手套	shǒutào	장갑
热	rè	덥다
日	rì	일
狐狸	húli	여우
睡大觉	shuì dàjiào	실컷 자다
小懒鬼	xiǎo lǎnguǐ	게으름뱅이
真爱美	zhēn ài měi	예쁜 것을 좋아하다(멋쟁이)
青蛙	qīngwā	청개구리
死的	sǐ de	죽은 것
活的	huó de	산 것

Unit 8

比	bǐ	~보다 (비교)
高	gāo	크다, 높다
矮	ǎi	작다, 낮다
大	dà	나이가 많다
小	xiǎo	나이가 적다
胖	pàng	뚱뚱하다
瘦	shòu	마르다
强	qiáng	힘이 세다
慢	màn	느리다

Unit 9

喂	wéi	여보세요
在	zài	~에 있다
朋友	péngyou	친구
等	děng	기다리다
一下	yíxià	잠깐, 잠시
不喝	bù hē	마시지 않다
不忙	bù máng	바쁘지 않다
不好	bù hǎo	좋지 않다
不会	bú huì	할 수 없다

Unit 10

天气	tiānqì	날씨
怎么样	zěnmeyàng	어때
很	hěn	매우
晴天	qíngtiān	맑다
下雨	xiàyǔ	비가 오다
刮风	guāfēng	바람이 불다
阴天	yīntiān	흐리다
下雪	xiàxuě	눈이 오다
一家	yìjiā	한 가족
一年	yìnián	1년
一样	yíyàng	같다

Memo

저자 소개

이창재

한양대학교 중문과 졸업
한국외국어대학교 통역번역대학원 한중과 석사(24기)
現) 시사(강남) 중국어학원 新HSK 6급 및 통번역대학원 준비반 전담강사
前) 외시 및 행시 중국어 강사춘추관법정연구회 외무고시 및 행정고시 전담강사
이얼싼중국문화원 초·중등 및 고등 HSK 강사LG화학 등 출강

김지연

이화여자대학교 사학과 졸업
한국외국어대학교 통역번역대학원 한중과 졸업
現중국어 통·번역사로 활동 중

张琦(장기)

中國吉林大學校한국어학과 졸업
한국외국어대학교 통역번역대학원 한중과 졸업
한국외국어대학교 일반 대학원 중어중문학과 박사과정 수료
現경희대학교 중국어학과 조교수

新 니하오 어린이 중국어 ❷

개정2판1쇄   2022년 10월 5일

저자   이창재 김지연 张琦(장기)
발행인   이기선
발행처   제이플러스
등록번호 제10-1680호
등록일자 1998년 12월 9일
주소   서울시 마포구 월드컵로 31길 62
전화   영업부 02-332-8320 편집부 02-3142-2520
팩스   02-332-8321
홈페이지 www.jplus114.com

ISBN   979-11-5601-199-6
         979-11-5601-045-6〈플래시CD포함〉

...tiān xīngqī jǐ?

6月
월

④ Xiànzài jǐ diǎn?

⑤ Nǐ huì yóuyǒng ma?

⑥ Běibei huì tī zúqiú ma?

⑦ Nǐ yào mǎi shénme?

...xiǎng chī shénme?

⑧ Duōshao qián?

8块

이름

날짜

선생님 확인

부모님 확인

나의 실력은?

☑ 12~15개
참 잘했어요! 그동안 열심히 공부했네요. 꾸준히 복습하는 것도 잊지 마세요.

☑ 7~11개
잘했어요! 틀린 곳이 어디인지 다시 확인해 보고, 바르게 고쳐 보세요.

☑ 5~10개
좀더 노력해야겠어요. 공부하고 다시 도전해 보세요.

☑ 0~4개
1과부터 다시 공부하세요.

메모

선생님이 체크해 주세요.

	매우 뛰어남	뛰어남	좋음	노력요함	부족함
회화능력					
듣기능력					
이해력					
어휘력					
응용력					

J PLUS
Language Publishing Co.

시작 →

① Nǐ qù nǎr?

② Jīntiān jǐ yuè jǐ hào?

3月
8

③ Jī

⑮ Jīntiān tiānqì zěnmeyàng?

종합평가

⑭ Míngming zài jiā ma?

사용 방법

그림을 보면서 질문 또는 문장에 알맞은 대답을 해 보세요. 맞게 대답했을 때는 ■칸에 ☑체크해 주세요.

⑬ Wéi!

⑫ Wǒ bǐ nǐ gāo.

⑪ Nánnan zài gàn shénme?

⑩ Nǐ xiǎng hē shénme?

⑨ Nǐ

1과 p.16

gōngyuán.　　yīyuàn.　　yóujú.　　shūdiàn.

2과 p.24

shí　　sì　　jiǔ　　liù　　xīngqīyī　　xīngqī'èr

4과 p.40

huì　　bú huì　　huì　　dǎ　　huì　　tī　　ne

1과 p.15

gōngyuán
公园

xuéxiào
学校

yóujú
邮局

yīyuàn
医院

wénjùdiàn
文具店

shūdiàn
书店

5과 p.48

7과 p.64

10과 p.88

✿ p. 15 주사위 게임

자르는 선
접는 선
풀칠하는 곳

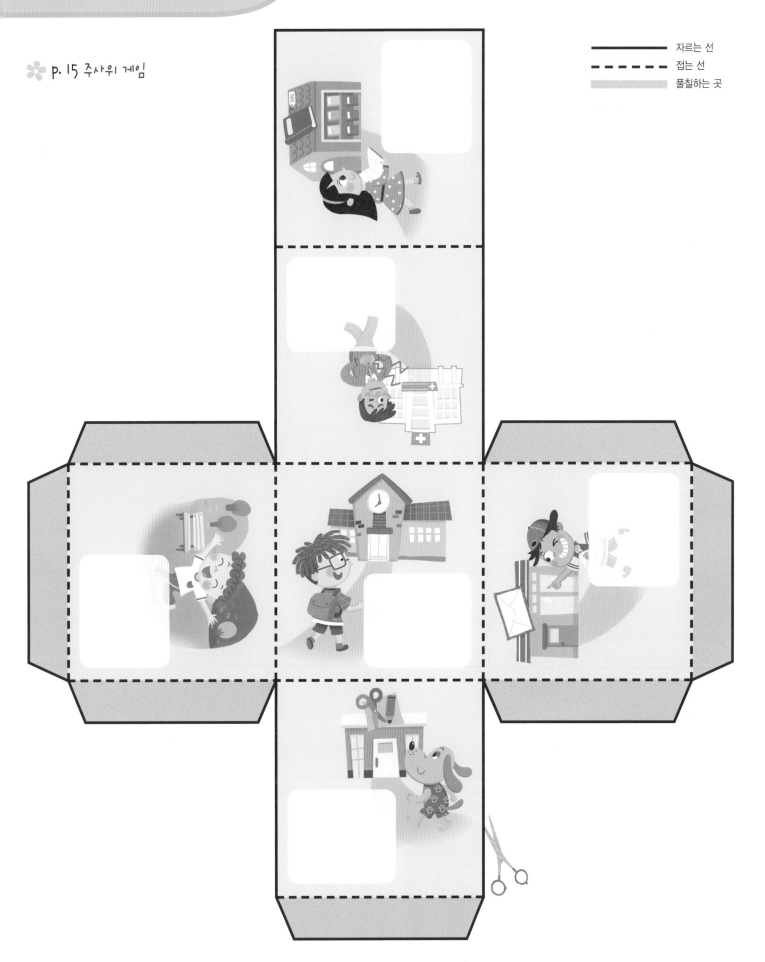

❀ p. 31 시계 만들기

❀ p. 39 퍼즐 맞추기

❋ p. 47 가게놀이

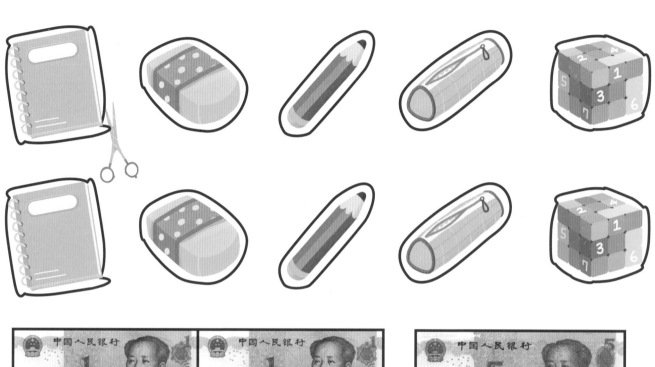

※ p. 63 빙고놀이

qù

nǎr

yīyuàn

xuéxiào

wǒmen

gōngyuán

yóujú

wénjùdiàn

哪儿 **1**-2	去 **1**-1
学校 **1**-4	医院 **1**-3
公园 **1**-6	我们 **1**-5
文具店 **1**-8	邮局 **1**-7

shūdiàn

jīntiān

yuè

hào

xīngqī

xiànzài

diǎn

fēn

今天 ❷-1

书店 ❶-9

号 ❷-3

月 ❷-2

现在 ❸-1

星期 ❷-4

分 ❸-3

点 ❸-2

zǎoshang

xiàwǔ

wǎnshang

huì

yóuyǒng

dǎ lánqiú

tī zúqiú

yào

❸-5 下午	❸-4 早上
❹-1 会	❸-6 晚上
❹-3 打篮球	❹-2 游泳
❺-1 要	❹-4 踢足球

mǎi

duōshao qián

kuài

wánjù

bǐhé

xiǎng

chī

hànbǎobāo

多少钱 ⑤-3

买 ⑤-2

玩具 ⑤-5

块 ⑤-4

想 ⑥-1

笔盒 ⑤-6

汉堡包 ⑥-3

吃 ⑥-2

hē

chéngzhī

bǐsàbǐng

règǒu

shǔtiáo

zài

하다

gàn

xuéxí

橙汁

喝

热狗

比萨饼

在

薯条

学习

干

Hànyǔ

kàn diànshì

xǐzǎo

tīng yīnyuè

shuāyá

shuìjiào

dǎsǎo

bǐ

看电视 **7**–5

汉语 **7**–4

听音乐 **7**–7

洗澡 **7**–6

睡觉 **7**–9

刷牙 **7**–8

比 **8**–1

打扫 **7**–10

gāo ǐ ǎi

dà ǐ xiǎo

pàng ǐ shòu

qiáng ǐ ruò

kuài ǐ màn

wéi

zài

péngyou

❽-3 大 小	❽-2 高 矮
❽-5 强 弱	❽-4 胖 瘦
❾-1 喂	❽-6 快 慢
❾-3 朋友	❾-2 在

děng

잠시, 잠깐

yíxià

tiānqì

zěnmeyàng

매우

hěn

qíngtiān

xiàyǔ

guāfēng

一下

等

怎么样

天气

晴天

很

刮风

下雨

눈으로 보고   귀로 듣고   입으로 따라하는

新 니하오
어린이 중국어
워크북

2

이창재 · 김지연 · 장기(张琦) 지음

JPLUS
Language Publishing Co.

Unit 1 你去哪儿?

1 빈칸을 채워 그림의 단어를 완성하세요.

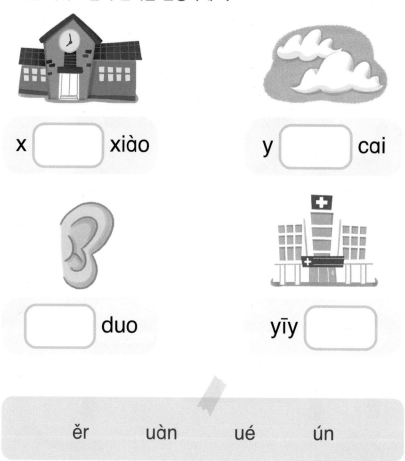

x [ ] xiào

y [ ] cai

[ ] duo

yīy [ ]

| ěr | uàn | ué | ún |

2 다음 빈칸에 들어갈 병음을 쓰고, 큰 소리로 읽어 보세요.

üe	uē		uě	uè
ün	ūn	ún		ùn
üan	uān	uán	uǎn	
er	ēr	ér		èr

③ 문장을 큰 소리로 읽고 어디로 가는지 알맞은 그림을 연결하세요.

① Wǒ qù yóujú.

② Wǒ qù gōngyuán.

③ Wǒ qù wénjùdiàn.

④ Wǒ qù yàofáng.

⑤ Wǒ qù cāntīng.

④ 다음 문장을 읽고, 병음을 예쁘게 써 보세요.

| 어디 가? | 你去哪儿? |

| 병원에 가. | 我去医院。 |

① 빈칸에 들어갈 글자를 채우고 알맞은 것끼리 선으로 이으세요.

b •   • ⬚ ǎ •   •

p •   • ⬚ à •   •

m •   • ⬚ ōluó •   •

f •   • ⬚ àn •   •

② 빈칸에 들어갈 병음을 쓰고, 큰 소리로 읽어 보세요.

	b	p	m	f
1성 ō	bō		mō	fō
2성 á				
3성 ěn	běn		měn	fěn
4성 ù	bù		mù	fù

③ 그림을 잘 보고 '몇 월 며칠'인지 해당하는 병음을 써 넣으세요.

3月
9

9月
日

Jīntiān ⬚ yuè ⬚ hào.

오늘은 3월 9일이다.

Jīntiān ⬚.

오늘은 일요일이다.

④ 알맞은 것끼리 연결하세요.

几月 •

几号 •

星期三 •

• xīngqīsān

• jǐ yuè

• jǐ hào

⑤ 다음 문장을 읽고, 병음을 예쁘게 써 보세요.

오늘은 몇 월 며칠이야?

今天几月几号?

오늘은 1월 2일이야.

今天一月二号。

① 그림의 단어를 바르게 읽은 병음에 동그라미 하세요.

tùzi
dùzi

肚子

tàng
dàng

烫

liúnǎi
niúnǎi

牛奶

lù
nù

鹿

② 빈칸에 들어갈 병음을 쓰고, 큰 소리로 읽어 보세요.

	d	t	n	l
1성 ē	dē		nē	lē
2성 áo		táo	náo	
3성 iǎo	diǎo	tiǎo		liǎo
4성 àn		tàn	nàn	

③ 문장을 읽고 몇 시 몇 분인지 시계를 그려 보세요.

Xiànzài qī diǎn.

Xiànzài liǎng diǎn shíwǔ fēn.

④ 다음 문장을 읽고, 병음을 예쁘게 써 보세요.

지금 몇 시야?	现在几点?

7시야.	现在七点。

⑤ 다음 질문에 중국어로 답하세요.

① 오늘 아침 몇 시에 일어났나요?   ☐ diǎn ☐ fēn

② 점심은 몇 시에 먹었나요?   ☐ diǎn ☐ fēn

1 빈칸을 채우고 읽어 보세요.

g + ālí → ☐ 咖喱

k + ū → ☐ 哭

h + ǔ → ☐ 虎

2 빈칸에 알맞은 성모를 채우고 성조별로 큰 소리로 읽어 보세요.

1성 ē	☐ē	kē	hē
2성 ú	gú	☐ú	hú
3성 ǒu	gǒu	kǒu	☐ǒu
4성 àn	☐àn	kàn	hàn

③ 바르게 읽은 병음에 동그라미 하세요.

yǔmáoqiú

yúmáoqiú

羽毛球

cáihóng

cǎihóng

彩虹

④ 단어의 병음을 찾아 동그라미하고 해당 번호와 연결하세요.

gǎnmào bihuáxuě dgzúqiúmnkě'àikai

• ① 감기 걸리다
• ② 축구
• ③ 스키(타다)
• ④ 귀엽다

⑤ 그림에 어울리는 표현을 찾아 동그라미 하세요.

Wǒ 〔 huì ┃ bú huì 〕 yóuyǒng.

Wǒ 〔 huì ┃ bú huì 〕 huábīng.

⑥ 다음 문장을 읽고, 병음을 예쁘게 써 보세요.

난 스키를
못 타.

我不会滑雪。

你要买什么?

① 빈칸에 알맞은 글자를 찾아 써 넣으세요.

qī   jī   xī

鸡蛋   ☐ dàn

qì   jì   xì

汽水   ☐ shuǐ

② 다음 그림을 보고 알맞은 병음을 찾아 연결 하세요.

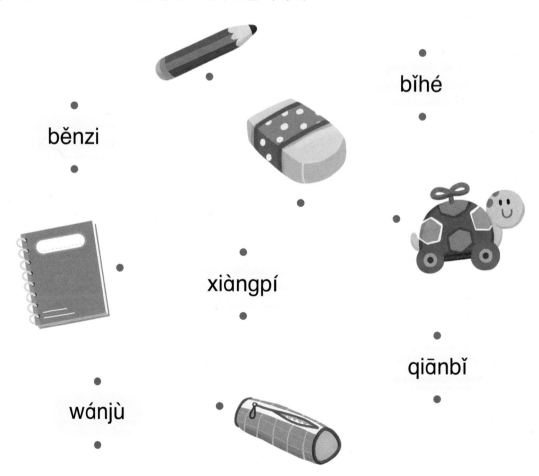

bǐhé

běnzi

xiàngpí

qiānbǐ

wánjù

③ 빈칸에 들어갈 성조를 쓰고 큰 소리로 읽어 보세요.

	j	q	x
1성 ī	jī		xī
2성 ué		qué	xué
3성 iǎn	jiǎn	qiǎn	
4성 iù		qiù	xiù

④ 빈칸에 알맞은 병음을 넣어 퍼즐을 완성하세요. (*ng는 한 칸에 쓰고, 성조는 무시합니다.)

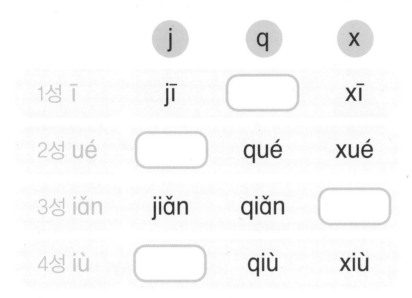

q
x
w
b
b

⑤ 다음 질문에 답하세요.

Ⓐ **Duōshao qián?**

Ⓑ _____ **kuài qián.**

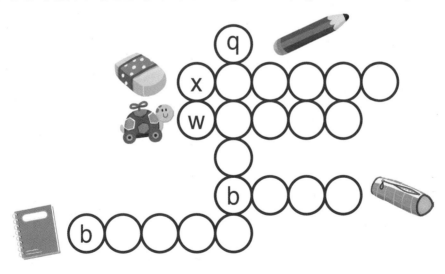

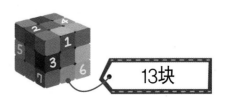

13块

你想吃什么?

1 빈칸을 채우고, 읽어 보세요.

脏

蒜

词典

z	+	āng	→	
s	+	uàn	→	
c	+	ídiǎn	→	

2 그림에 해당하는 병음을 찾아 동그라미 하세요.

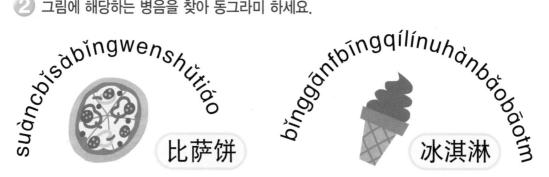

suàncbǐsàbǐngwenshǔtiáo

比萨饼

bǐnggānfbīngqílínuhànbǎobāotm

冰淇淋

3 빈칸의 병음을 채우고, 큰 소리로 읽어 보세요.

	z	c	s
ī		cī	sī
ái	zái		sái
ǎo	zǎo	cǎo	sǎo
è	zè	cè	

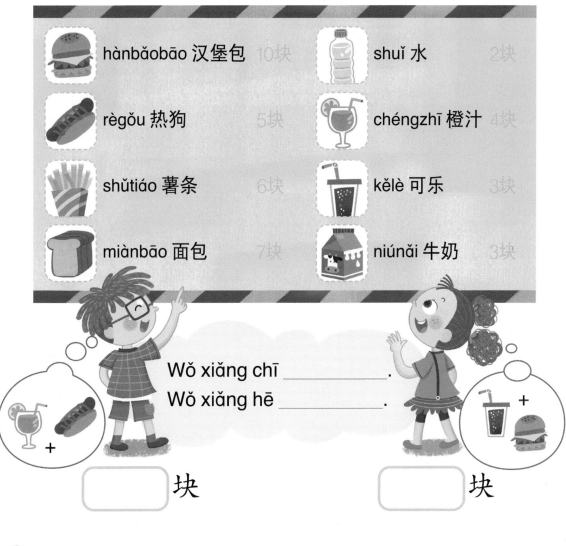

④ 메뉴판을 보고 고른 것이 모두 얼마인지 쓰고, 빈칸에 단어를 넣어 말해 보세요.

hànbǎobāo 汉堡包	10块		shuǐ 水	2块
règǒu 热狗	5块		chéngzhī 橙汁	4块
shǔtiáo 薯条	6块		kělè 可乐	3块
miànbāo 面包	7块		niúnǎi 牛奶	3块

Wǒ xiǎng chī _____.
Wǒ xiǎng hē _____.

块

块

⑤ 다음 질문에 자유롭게 답하세요.

Ⓐ Nǐ xiǎng chī shénme?

Ⓑ Wǒ xiǎng chī _____.

Ⓐ Nǐ xiǎng hē shénme?

Ⓑ Wǒ xiǎng hē _____.

Unit 7 你在干什么?

1 그림을 보고 빈칸에 들어갈 글자로 알맞은 것을 골라 써 보세요.

zh				zh		
ch	+	ū	→	ch	+	ū	→
sh				sh		

2 왼쪽의 빈칸에 들어갈 알맞은 글자를 찾아 쓰고, 오른쪽 빈칸도 채워 보세요.

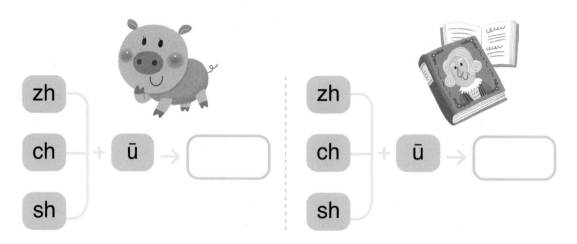

kàn	zuò	tīng	chī

1   [　　] + **fàn** → [　　]

　먹다　　　밥　　　밥을 먹어요.

2   [　　] + **zuòyè** → [　　]

　하다　　　숙제　　　숙제를 해요.

3   [　　] + **diànshì** → [　　]

　보다　　텔레비전　　텔레비전을 봐요.

4   [　　] + **yīnyuè** → [　　]

　듣다　　　음악　　　음악을 들어요.

③ 알맞은 글자를 써 넣으세요.

_____ē   _____ǒutào   _____àopiàn   _____è

④ 한자를 예쁘게 색칠하고 알맞은 성조를 표시하세요.

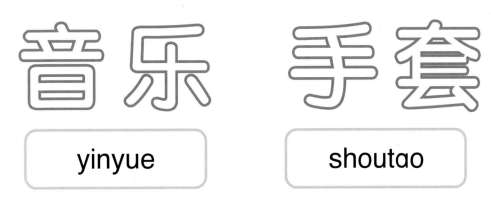

yinyue

shoutao

⑤ 성조가 바르게 표기된 글자를 따라가 보세요.

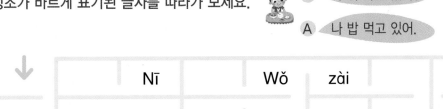

Q 너 뭐 하고 있어?

A 나 밥 먹고 있어.

↓		Nī		Wǒ	zài		Wō
Nǐ		zài		chì			fān
	zái		shénme			chī	
gān			gàn		fàn		→

① 알맞은 것끼리 연결하고 큰 소리로 읽어 보세요.(3성+3성 발음)

dǎsǎo   **xǐzǎo**   **nǐ hǎo**   **xǐliǎn**

② 다음 색글자에 성조를 표시하고 알맞은 한자와 연결하세요.

laoshi   wangqiu   kele

可乐   老师   网球

③ 다음 그림을 보고 알맞은 글자를 써 넣으세요.

Wǒ bǐ nǐ _____.

Wǒ bǐ nǐ _____.

ǎi / gāo
ruò / qiáng
xiǎo / dà

Wǒ bǐ nǐ _____.

④ 다음 지시대로 색칠하고 큰 소리로 읽어 보세요. (3성+1성 ➜ 빨간색, 3성+2성 ➜ 파란색, 3성+3성 ➜ 노란색)

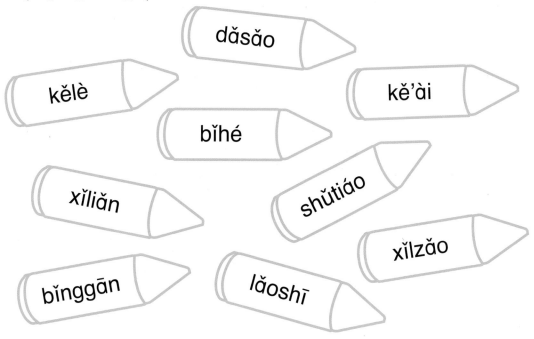

dǎsǎo

kělè

kě'ài

bǐhé

xǐliǎn

shǔtiáo

xǐlzǎo

bǐnggān

lǎoshī

Unit 9 喂! 南南在家吗?

1 다음을 큰 소리로 읽어 보세요.

不 + 1성	不 + 2성	不 + 3성	不 + 4성
bù hē	bù máng	bù hǎo	bú huì
bù chī	bù qiáng	bù mǎi	bú shì

2 우리말로 된 부분을 중국어로 말해 보세요.

여보세요!
_____!

Wéi! Nǐ hǎo!

밍밍이 집에 있어요?
_____?

Tā bú zài jiā.

안녕히 계세요!
_____!

Zàijiàn!

3 다음 단어들을 순서대로 나열하여 문장을 만들어 보세요.

① 쟤는 내 친구 난난이야.

南南 / 是 / 的 / 朋友 / 我 / 她

_____

② 여보세요! 누구세요?

是 / 谁 / 喂 / 你

_____

4 아래 문장의 병음을 써 보고, 그 뜻을 쓰세요.

喂！你好！

_____

他不在家。

_____

等一下。

_____

1 다음을 큰 소리로 읽어 보세요.

一 +1성

yì jiā
一家

一 +2성

yì nián
一年

一 +3성

yì qǐ
一起

一 +4성

yí yàng
一样

2 사다리를 타고 내려가서 알맞은 대답을 하세요.

Jīntiān tiānqì zěnmeyàng?

Jīntiān guāfēng.　　　Jīntiān xiàyǔ.　　　Jīntiān qíngtiān.

③ 빈칸에 알맞은 병음을 넣어 퍼즐을 완성하세요. (성조는 무시합니다.)

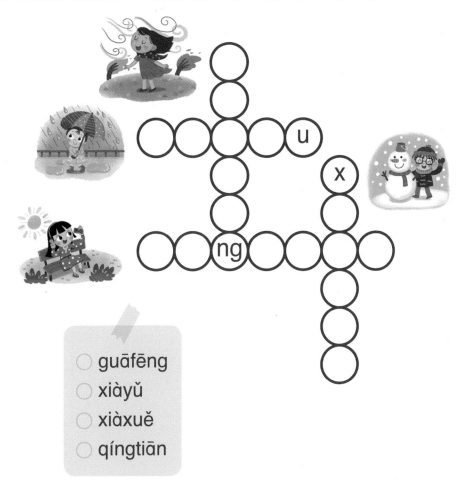

- ⚪ guāfēng
- ⚪ xiàyǔ
- ⚪ xiàxuě
- ⚪ qíngtiān

④ 다음 문장을 읽고, 병음을 예쁘게 써 보세요.

| 오늘 날씨 어때? | 今天天气怎么样？ |

| 오늘은 날씨가 좋아, 맑아. | 今天天气很好，今天晴天。 |

간체자 쓰기 연습

＊니하오 어린이 중국어 2권에서 배운 각 과의 제목을 간체자로 써 보아요. (단, 중복된 글자는 생략되었습니다.)

Unit 1 你去哪儿? 어디 가?
Nǐ qù nǎr?

총5획 去 去 去 去 去

去
qù
가다

총9획 哪 哪 哪 哪 哪 哪 哪 哪 哪

哪
nǎ
어디, 어느

Unit 2 今天几月几号? 오늘은 몇 월 며칠이야?
Jīntiān jǐ yuè jǐ hào?

총4획 今 今 今 今

今
jīn
지금

총4획 天 天 天 天

天
tiān
하늘

총4획 月 月 月 月

月
yuè
월

총5획 号 号 号 号 号

号
hào
일

Unit ③ **现在几点?** 지금 몇 시야?
Xiànzài jǐ diǎn?

총8획 现 现 现 现 现 现 现 现

现
xiàn
지금

총6획 在 在 在 在 在 在

在
zài
있다

총9획 点 点 点 点 点 点 点 点 点

点
diǎn
시, 점

Unit **4** | 你会游泳吗? 수영 할 줄 알아?
Nǐ huì yóuyǒng ma?

총6획 会 会 会 会 会 会

会
huì
모이다

총12획 游 游 游 游 游 游 游 游 游 游 游 游

游
yóu
헤엄치다

총8획 泳 泳 泳 泳 泳 泳 泳 泳

泳
yǒng
헤엄치다

Unit ❺ 你要买什么? 뭐 살 거야?
Nǐ yào mǎi shénme?

총9획 要 要 要 要 要 要 要 要 要

要
yào
~하려 하다

총6획 买 买 买 买 买 买

买
mǎi
사다

Unit ❻ 你想吃什么? 뭐가 먹고 싶어?
Nǐ xiǎng chī shénme?

총13획　想 想 想 想 想 想 想 想 想 想 想 想 想

想
xiǎng
생각하다

총6획　吃 吃 吃 吃 吃 吃

吃
chī
먹다

Unit 7 | 你在干什么? 뭐 하고 있니?
Nǐ zài gàn shénme?

총3획　干 干 干

干
gàn
일하다

Unit 8 | 我比你高。 난 너보다 키가 커.
Wǒ bǐ nǐ gāo.

총4획 比 比 比 比

比
bǐ
견주다

총10획 高 高 高 高 高 高 高 高 高 高

高
gāo
높다

Unit ❾ **喂！ 南南在家吗?** 여보세요! 난난이 집에 있어요?
　　　　Wéi! Nánnan zài jiā ma?

총12획 喂 喂 喂 喂 喂 喂 喂 喂 喂 喂 喂 喂

喂
wéi
부르는 소리

총9획 南 南 南 南 南 南 南 南 南

南
nán
남쪽

총10획 家家家家家家家家家家

家
jiā
집

Unit 10 今天天气怎么样? 오늘 날씨 어때?
Jīntiān tiānqì zěnmeyàng?

총4획 气气气气

气
qì
기운

총9획 怎怎怎怎怎怎怎怎怎

怎
zěn
어찌

총10획 样样样样样样样样样样

样
yàng
모양

* 빈칸을 채워 나만의 단어리스트를 만들어 보세요.

Unit 1

去	qù	
哪儿		어디
医院	yīyuàn	
学校	xuéxiào	
我们	wǒmen	
超市		슈퍼마켓
图书馆	túshūguǎn	
餐厅	cāntīng	
药房	yàofáng	
书店		서점
邮局		우체국
公园		공원
文具店	wénjùdiàn	
学习	xuéxí	
云彩	yúncai	
运动		운동(하다)
圈子	quānzi	
耳朵	ěrduo	

Unit 2

今天		오늘
月		월
号	hào	
星期	xīngqī	
菠萝	bōluó	
饱		배부르다
怕		무섭다
便宜	piányi	
马	mǎ	
面包		빵
饭		밥
飞	fēi	

Unit 3

现在		지금
点	diǎn	
分	fēn	
肚子		배
登山		등산하다
兔子	tùzi	
烫	tàng	
年		년
牛奶		우유
鹿		사슴
累	lèi	

Unit 4

会		할 줄 안다
游泳		수영하다
打篮球	dǎ lánqiú	
足球	zúqiú	
棒球	bàngqiú	
滑冰		스케이트를 타다
网球	wǎngqiú	
滑雪		스키를 타다
羽毛球	yǔmáoqiú	
咖喱	gālí	
感冒		감기(걸리다)
哭		울다
可爱	kě'ài	
虎	hǔ	
彩虹	cǎihóng	

Unit 5

要	yào	
买		사다
多少钱	duōshao qián	

块	kuài	
本子		노트
橡皮		지우개
铅笔	qiānbǐ	
玩具	wánjù	
笔盒		필통
鸡蛋	jīdàn	
决定		결정하다
汽水	qìshuǐ	
钱		돈
洗脸		세수하다
笑	xiào	

Unit 6

想	xiǎng	
吃		먹다
汉堡包	hànbǎobāo	
喝	hē	
可乐		콜라
水		물
橙汁		오렌지주스
冰淇淋		아이스크림
比萨饼	bǐsàbǐng	
热狗	règǒu	
饼干	bǐnggān	
蛋糕		케이크
薯条	shǔtiáo	
作业	zuòyè	
脏		더럽다
词典		사전
猜猜猜	cāicāicāi	
司机		운전사
蒜		마늘

Unit 7

在	zài	
干	gàn	
学习		공부하다
汉语	Hànyǔ	
看电视		TV를 보다
听音乐		음악을 듣다
洗澡		목욕하다
刷牙		이를 닦다
睡觉	shuìjiào	
打扫	dǎsǎo	
猪		돼지
照片		사진
车		자동차
茶	chá	
书	shū	
手套	shǒutào	
热	rè	
日		일

Unit 8

比		~보다 (비교)
高		크다, 높다
矮	ǎi	
大	dà	
小	xiǎo	
胖		뚱뚱하다
瘦		마르다
强		힘이 세다
弱	ruò	

Unit 9

喂		여보세요
在		～에 있다
朋友	péngyou	
等		기다리다
一下	yíxià	잠깐, 잠시
不喝		마시지 않다
不忙		바쁘지 않다
不好		좋지 않다
不会		할 수 없다

Unit 10

天气		날씨
怎么样	zěnmeyàng	
很	hěn	
晴天		맑다
下雨	xiàyǔ	
刮风		바람이 불다
阴天		흐리다
下雪	xiàxuě	
一家		한 가족
一年		일년
一起		함께
一样		같다

Memo